MW01096487

WIGETTA

Y EL BÁCULO DORADO

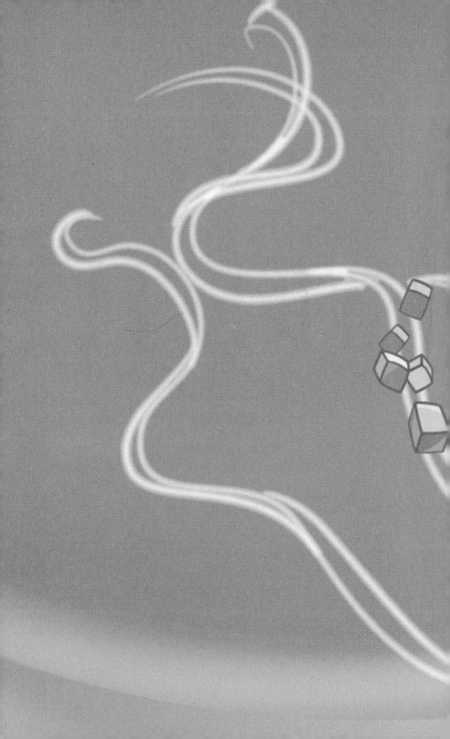

VEGETTA777 WILLYREX

WIGETTA

Y EL BÁCULO
DORADO

Obra editada en colaboración con Editorial Planeta – España

© 2015, Ismael Municio, por el diseño de personajes, ambientación, fondos y portada
© 2015, Elisabeth Castro, por la realización de bocetos
© 2015, Jesús Sanz, por los dibujos
Diseño de interiores: María Pitirone
Aplicación móvil diseñada y desarrollada por Vidibond, S.L.
www.VIDIBOND.com

© 2015, Willyrex
© 2015, Vegetta777
Redacción y versión final del texto, Víctor Manuel Martínez, 2015
© 2015, Editorial Planeta, S. A. – Barcelona, España
Ediciones Temas de Hoy, sello editorial de Editorial Planeta, S.A.

Derechos reservados

© 2015, Editorial Planeta Mexicana, S.A. de C.V.
Bajo el sello editorial TEMAS DE HOY M.R.
Avenida Presidente Masarik núm. 111, Piso 2
Polanco V Sección, Miguel Hidalgo
C.P. 11560, Ciudad de México
www.planetadelibros.com.mx

Primera edición impresa en España: noviembre de 2015
ISBN: 978-84-9998-516-9

Primera edición impresa en México: noviembre de 2015
Novena reimpresión en México: diciembre de 2019
ISBN: 978-607-07-3155-6

Impreso en los talleres de EDAMSA Impresiones, S.A. de C.V.
Av. Hidalgo núm. 111, Col. Fracc. San Nicolás Tolentino, Ciudad de México.
Impreso en México – *Printed in Mexico*

ÍNDICE

DESCUBRE LA MAGIA 4D
DE ESTE LIBRO

QUÉ TIENES QUE HACER PARA PODER VERLA:

Paso 1: Descarga la aplicación
Wigetta y el báculo dorado.

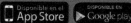

Paso 2: Pon tu celular encima de las ilustraciones
con este icono

Paso 3: ¡¡¡Y SORPRÉNDETE!!!!

MIRA AQUÍ

Y VERÁS LO QUE
TIENEN QUE DECIRTE
WILLYREX Y
VEGETTA777

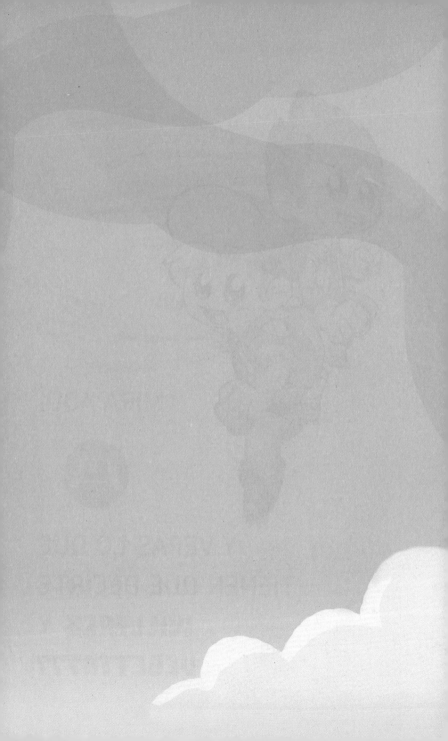

LA ESTATUA
DESAPARECIDA

Las calles de **PUEBLO** habían recuperado el esplendor de otros tiempos. Una vez más, sus habitantes habían demostrado que no había dificultad que no pudieran superar a base de esfuerzo y trabajo en equipo.

El terrible ataque de los zombis todavía estaba reciente en la memoria de quienes lo habían sufrido. Sin embargo, pesaba más en la comunidad el ánimo de intentar que Pueblo fuera próspero y pudiera considerarse un lugar agradable para vivir. Era gente extravagante, pero estaban muy unidos entre ellos. Y ese sentimiento comunitario siempre había dado a los vecinos de Pueblo fuerzas para afrontar cualquier desafío.

Precisamente por eso, **WILLYREX** y **VEGETTA** estaban muy orgullosos de lo que habían conseguido crear a base de trabajo duro y constancia. Aquella mañana madrugaron un poco más de lo normal. Querían salir a dar un paseo y contemplar Pueblo, admirar sus edificios y saludar a sus habitantes.

Era un placer ver a sus vecinos comenzar el día con alegría y humor.

—¡Arriba, dormilones! —dijo Vegetta a **VAKYPANDY** y **TROTUMAN,** que dormían en sus camas como lirones. No había nadie en todo Pueblo a quien se le pegasen más las sábanas que a la pareja de mascotas.

_cinco minutoOOOoos...

—pidió Trotuman con un hilo de voz. La mascota agarró la almohada con fuerza.

Hacía un buen rato que Vegetta se
había aseado y se había enfundado en su
armadura púrpura con el chaleco blanco. Aprovechó
para poner un poco de orden en la casa mientras Willy
buscaba desesperadamente su inconfundible boina
verde. No tardó en encontrarla debajo de un sillón
y, más tranquilo, se la colocó sobre su pelo rubio. Se
sacudió la chaqueta verde y, como no tenían demasiada
prisa, permitió que sus mascotas disfrutaran de unos
minutos más de sueño.

—¡Ahora sí que tenemos que irnos! —insistió
Willy, una vez que estuvo listo.

—otros cinco **minuuutos**, por faVOOOr

—murmuró Vakypandy, estirando sus cuatro patas antes de volver a buscar una nueva y cómoda postura—. Piedad...

Durante unos instantes, la habitación permaneció en silencio. Trotuman y Vakypandy se envolvieron con sus sábanas, contentos por haberse salido con la suya una vez más. Entonces, Vegetta tuvo una idea. Le guiñó un ojo a su amigo para que le siguiese la corriente y, simulando un forcejeo, tiró unos cuantos libros al suelo.

—**¡SOCORRO, WILLY!** —gritó Vegetta, intentando contener la risa—. ¡Ese zombi me tomó por sorpresa y me atrapó! ¡Estoy malherido! ¡Va hacia ti! ¡Y tiene una espada de fuego!

Trotuman y Vakypandy se despertaron de golpe y saltaron de la cama. Trotuman tenía la sábana enganchada a la cabeza y se puso en posición defensiva sin saber muy bien hacia dónde estaba mirando. Se tropezó y acabó en el suelo en una situación un poco embarazosa. Vegetta y Willy se echaron a reír al ver a sus mascotas de esa manera, todavía casi dormidas y aun así listas para protegerlos. Trotuman se quitó la sábana de la cara y, al ver a Willy y Vegetta sanos y salvos, miró a Vakypandy. Tardaron unos segundos en despejarse y darse cuenta de que

TODO HABÍA SIDO UNA BROMA.

—Bien jugado, bien jugado —reconoció Vakypandy, y se echó a reír con Trotuman.

—Ahora no tienen excusas. ¡Vamos a dar una vuelta!
—dijo Vegetta, de muy buen humor. Por mucho que
tuvieran que madrugar, las mañanas en Pueblo eran tan
hermosas y pacíficas que siempre conseguían dibujarles
una sonrisa en la cara.

* * * * *

Vegetta, Willy, Vakypandy y Trotuman comenzaron su
paseo por la plaza a la entrada de Pueblo, donde los
comerciantes solían montar sus puestos. Estaban ya
terminando de preparar todo para comenzar su día.
PANTRICIA, la escultora de pan, era una mujer rolliza.
Siempre iba con un vestido azul y un delantal rosa, y
cubierta de harina hasta las orejas. Era
detallista y meticulosa, a la vez que
creativa. Se afanaba en ordenar con
cuidado sus espectaculares y deliciosas
creaciones de pan de caja, pan de
yema y de hogaza en su
gran carreta de tiro.

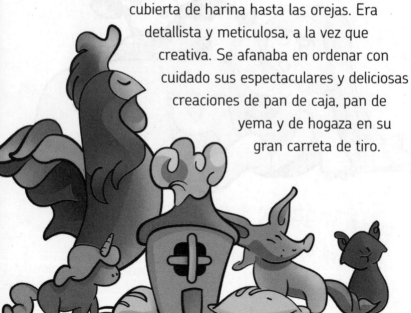

Afortunadamente, durante las horas de mercado, sus caballos pastaban alegremente por los prados. De lo contrario, terminarían con sus existencias de pan de zanahoria en un abrir y cerrar de ojos.

A unos metros del puesto de pan se encontraba **HERRUARDO,** el encargado de trabajar el metal. Era un hombre corpulento y fuerte, con unos brazos gruesos como troncos de árboles. Estaba afilando los tenedores que tan buenos resultados habían dado hasta entonces en todos los comedores de Pueblo, siempre listos para llevarse la comida a la boca. Según se rumoreaba, estaba investigando la manera de crear

ROPA DE CAMA METÁLICA,

igual de cómoda que la de algodón, pero mucho más fresca y resistente.

En el puesto de Herruardo estaba también **PELUARDO**, su hermano, que había ido a buscar unas nuevas tijeras de precisión para su peluquería de comida.

Necesitaba utensilios muy concretos para hacer realidad los peinados que le pedían kiwis y duraznos, pero también lechugas y papas fritas.

Él sabía hablar con los alimentos y les cortaba el pelo.
Incluso a los que no tenían pelo conseguía hacerles
copetes de vértigo y elegantes peinados
con raya a un lado.

REMEDIOS, la curandera, no se separaba de la cofia ni para dormir. Su consultorio era un tanto particular. Estaba en una pequeña casa de piedra con tejado de paja y chimenea, coronada con una veleta con forma de unicornio que siempre llamaba la atención de Vakypandy. Vivía rodeada de calderos y más calderos. Desde el portón de madera les preguntó si se encontraban bien, si tenían frío o calor, si les dolía la cabeza o si eso que le había parecido ver era una leve cojera.

* * * * *

SIEMPRE SE PREOCUPABA POR EL BIENESTAR DE TODO EL MUNDO...

y, quizá por eso, era una de las mejores curanderas que se podían encontrar. Tenía recetas de pociones que podían sanar casi cualquier cosa y, si no sabía cómo hacer una para curar alguna dolencia concreta, no dejaba de probar fórmulas hasta dar con la que tenía el efecto que ella quería.

Como toda profesión, tenía sus riesgos. Nadie olvidaría aquella ocasión en la que recetó a Tabernardo, el dueño de la cantina, una pócima para la tos que hizo que su voz sonara como el canto de los petirrojos. Dos días después dio con un remedio que le devolvió a Tabernardo su voz original, pero desde entonces en el tejado de la cantina vive una familia de pájaros que da alegría al lugar.

—¡QUE TENGAN UNA SANA MAÑANA!

—les deseó Remedios, que siempre se despedía de esa manera.

Todos parecían de muy buen humor. Dieron una caminata y pasaron por la zona de viviendas que estaba a un lado del camino principal.

Eran pequeñas casas de distintos colores con jardines bien cuidados.

Ese mismo camino conducía a la fuente y desde allí se podía ver a lo lejos la Gran Biblioteca. Si se tomaba la desviación hacia el este, se llegaba a las mazmorras. Afortunadamente estaban vacías y no había necesidad de visitarlas en un día tan hermoso. Algunos de sus vecinos los saludaban desde las ventanas de sus casas, contentos de ver a sus amigos despiertos tan temprano.

VEGETTA Y WILLY SE DABAN LA VUELTA Y CONTESTABAN EL SALUDO DE BUENA GANA.

Más adelante
estaba la escuela.

Era un edificio amplio, con su hermoso
parque frente a ella, donde los niños salían a la hora del
recreo a jugar y hacer deporte. Era muy temprano
y todavía no habían comenzado las clases, pero ya
se podía ver alguna ventana abierta y por ella salían
algunos sonidos de mesas colocándose, borradores
limpiándose y libros ordenándose.

Debía de ser Dora, la maestra de Pueblo, preparando
todo para cuando llegaran sus alumnos. El parque
estaba impoluto: el pasto era de un verde intenso,
había un campo de futbol, mesas de mármol con
tableros de ajedrez y una zona de lectura con asientos
de madera para que los niños se sentaran.

Si Dora notaba que estaba perdiendo la atención de los niños, salía con ellos al parque y continuaban allí la lección, o hacían juegos para despejarse y seguir luego con las energías renovadas. En verano, cuando el calor era intenso y el sol no daba tregua, también se acercaban a la fuente, donde el ambiente era más fresco. Ni el niño más travieso era un problema para Dora, que era amable pero sabía mantener a raya a sus alumnos. De ahí que en Pueblo se la conociese con el cariñoso apodo de Educadora.

* * * * *

Continuaron con su camino
y llegaron a la Gran Biblioteca.

Era imposible no fijarse en este
enorme edificio levantado con piedra gris y coronado
con una cúpula de cristal que permitía que la luz
entrase en el interior.

Allí se guardaban todos los libros que uno pudiera imaginar. Si existía, estaba en la Gran Biblioteca.

Ese era uno de los motivos de orgullo de Lecturicia, voraz devoradora de libros, organizada bibliotecaria y aventurera empedernida. Era una mujer menuda, con media melena oscura y unos lentes de armazón de concha, que había recorrido medio mundo en busca de los libros más raros, los que se habían editado en países remotos y los que se pensaban desaparecidos.

* * * * *

La Gran Biblioteca fue
uno de los pocos edificios
de Pueblo que no sufrió daños
durante el ataque zombi. Lecturicia,
que protegía sus libros con muchísimo
celo, había dotado al edificio de unos
increíbles sistemas de seguridad.

No estaba dispuesta a que ningún zombi
—ni cualquier otra criatura con malas
intenciones— arruinase ese templo
del conocimiento. Lecturicia pasaba
tanto tiempo dentro de la biblioteca
enfrascada en la lectura que en
ocasiones se olvidaba de regar las
plantas. Cuando pasaron por allí, Willy
y Vegetta usaron la magia de Vakypandy
para materializar una regadera y poner
a punto las flores que
adornaban la entrada.

Frente a la Gran Biblioteca se erigía la torre desde la que Vegetta y Willy vigilaban Pueblo y sus alrededores para verificar que nada anduviera mal. Últimamente no subían tanto. Tras el ataque zombi que los llevó a emprender aquel viaje para buscar al Rey Guerrero y evitar que Pueblo sucumbiera, las cosas habían estado más calmadas que nunca. Habían aprendido a apreciar esa tranquilidad, que les permitía tener más tiempo para dedicarse a los suyos y a conseguir que Pueblo fuera un lugar cada vez mejor para vivir. Decidieron hacer un pequeño alto en el camino y disfrutar del punto de vista privilegiado que les ofrecía la altura del puesto de vigilancia.

* * * * *

CUANDO SE DISPONÍAN A BAJAR Y ENCAMINARSE HACIA EL PUERTO, ALGO LLAMÓ PODEROSAMENTE SU ATENCIÓN.

* * * * *

Junto a la gran fuente que estaba cerca del puesto de vigilancia había un enorme espacio vacío. Allí debía alzarse la estatua de piedra que conmemoraba su victoria contra el terrible dragón al que se habían enfrentado tiempo atrás. Era una escultura de grandes dimensiones, en la que aparecían representados el animal y las figuras triunfantes de Willy y Vegetta. Pero la estatua no estaba allí.

HABÍA DESAPA

—Oye, Willy, cómo te lo explico... ¿No debía estar ahí la estatua del dragón? —preguntó Vegetta.

—¿Cómo es posible? —dijo Willy, atónito. No daba crédito a lo que sus ojos no veían—. ¿Qué ha pasado? ¿Dónde está?

—Es imposible que alguien la haya movido —dijo Vakypandy—. Era demasiado grande. Para llevársela habrían tenido que montar un estruendo terrible, usar máquinas o algo. Alguien se habría enterado.

Willy y Vegetta pararon a Peluardo, que regresaba del puesto de su hermano con una caja llena de tijeras.

—Perdona, Peluardo, ¿sabes qué ha pasado con la estatua? —preguntó Vegetta.

Peluardo se detuvo y, al ver que la estatua no estaba, se le cayó la caja de las tijeras.

—¡Caray, es verdad! —exclamó Peluardo, con los ojos como platos—. ¿Es una broma? ¿Cómo ha podido desaparecer? ¡Si era enorme!

—Nosotros nos preguntamos lo mismo —contestó Vegetta.

—Les puedo asegurar que esta misma mañana estaba ahí. Pasé por aquí a primera hora cuando iba a recoger estas tijeras en el puesto de mi hermano. Espero que no haya ningún problema.

—¡Esperemos!

Willy y Vegetta se despidieron de Peluardo y se quedaron donde estaban, todavía confusos por la inexplicable desaparición. ¿Cómo podía haber desaparecido una estatua? ¿Quién querría llevársela? A priori, no había motivos para sospechar de ninguno de los habitantes de Pueblo. Willy y Vegetta estaban convencidos de que había algo más preocupante detrás de todo aquello. ¿Acaso se cernía una nueva amenaza sobre Pueblo? Tenían que llegar hasta la raíz del asunto. Decidieron volver a casa y prepararse para investigar lo sucedido con la estatua.

FUERA LO QUE FUESE, NO ESTABAN DISPUESTOS A QUE ALTERASE LA PAZ Y LA ARMONÍA DE PUEBLO.

LA EXTRAÑA CRIATURA

—Nunca había visto algo así —dijo Vakypandy mientras volvían a casa—. ¿Se fijaron en lo que había donde solía estar la estatua? Ni una señal de que hubiera sido arrastrada, ni tampoco un rastro de huellas a su alrededor. ¡Habría sido necesaria una grúa para levantar esa estatua!

—Era como si... —empezó a decir Vegetta.

—¡Como si hubiera desaparecido! —terminó Willy.

—Tal cual. Como si se hubiera desvanecido —dijo Vakypandy—. De no ser por la marca que había dejado la base en el suelo, nadie habría dicho que allí había una estatua.

—¿Nos ha pasado algo así alguna vez, Willy? No consigo recordar nada parecido —dijo Vegetta.

—Yo tampoco —respondió Willy, tan sorprendido como el resto—. Hemos visto dinosaurios, gigantes con dos cabezas y brujas. Hemos estado en cuevas ocultas en las profundidades más remotas del mundo y en barcos que volaban junto a las nubes más altas. No importa lo alucinante que fuese el sitio en el que estuviéramos, nunca habíamos visto algo desaparecer así, como si nada. Parece imposible.

—¡ES IMPOSIBLE! —dijo Vegetta.

—Diría que no hay nada imposible, después de todo —remató Vakypandy.

Cuando estaban llegando a su casa, un grito llamó la atención de Willy y Vegetta. Miraron atrás. El grito venía de lejos, aunque no consiguieron identificar la voz.

* * * * *

—¿QUÉ HA SIDO ESO? —preguntó Willy.

¡¡AHHHH!! ¡NOOOoo!

—Ni idea —respondió Vegetta—, pero tenemos que ir a ver qué pasa.

Se pusieron en marcha. Llegaron a la plaza y allí vieron a algunos vecinos reunidos alrededor del sitio donde Pantricia exponía sus esculturas de pan.

A medida que se acercaban, estaba más claro que los gritos eran de la propia Pantricia. Se abrieron paso entre la gente y vieron a la escultora, caminando en círculos, nerviosa, clamando al cielo.

—¡Mi carreta! ¡Mi carreta ha desaparecido! —gritaba.

—¡Pantricia, cálmate! —Herruardo intentaba sujetarla, pero estaba hecha una furia y era imposible detenerla—. ¡Cuéntanos qué ha pasado!

—¡Mis panes! ¡Justo hoy! ¡Justo hoy iba a terminar mi último pan! —Pantricia no dejaba de gritar—. ¡Canallas! ¡Sinvergüenzas!

Willy y Vegetta se acercaron a Pantricia. Lo que gritaba era cierto: al igual que la estatua de la fuente, su carreta había desaparecido sin dejar rastro de haber sido movida. Tampoco había huellas alrededor que delataran al ladrón. Se daba la circunstancia de que Willy y Vegetta habían visto la carreta poco antes, durante su paseo matutino.

—¡Pantricia, por favor, escúchanos un momento! —dijo Willy, sin éxito.

—¡MI CARRETA! ¡MI CAR...!

Pantricia se quedó petrificada y comenzó a levitar.

—¿**QUÉ ME ESTÁ PASANDO?** ¡Que alguien me ayude! —suplicó la escultora.

—Tranquila, estás segura —trató de calmarla Vakypandy. De su frente salía el rayo que estaba haciendo que Pantricia volara. Estaba sana y salva. **El hecho de hacerla volar era solo una estrategia para que se calmara**—. Ahora te voy a bajar y, cuando estés de nuevo en el suelo, necesitamos que nos digas qué ha pasado.

—**TE VAMOS A AYUDAR** —prometió Vegetta a la escultora.

Poco a poco, Pantricia fue descendiendo. Estaba bastante más tranquila después del susto de flotar en el aire sin esperárselo.

—**Ha sido muy raro** —les explicó cuando recuperó el aliento—. Estaba haciendo mi última escultura de pan, una reproducción a escala de la cantina de Tabernardo que él me había encargado. Tuve que salir un momento del taller que tengo montado dentro de la carreta para echar un vistazo a la cantina y comprobar si estaba esculpiendo bien algunos detalles. Fue cuestión de unos pocos segundos y, cuando me di la vuelta, la carreta estaba terminando de desaparecer. Es lo más raro que he visto en mi vida. Se había descompuesto en **CUBOS** minúsculos y no me ha dado tiempo de hacer nada para detenerlo.

Me he acercado de nuevo, corriendo y gritando, y he visto una especie de... ¿INSECTO? Parecía una larva que estaba comiéndose mi carreta. Los nervios y la carrera me han impedido fijarme, pero para cuando quise hacer algo el bicho estaba yéndose a toda velocidad. En ese momento solo podía pensar en lo que había perdido.

¿HAY ALGUNA MANERA DE RECUPERAR MI NEGOCIO?

¡ES TODA MI VIDA!

—exclamó, y se echó a llorar.

—Tranquila, Pantricia —dijo Vegetta, acercándose a ella e intentando consolarla—. No sabemos qué ha sido, pero te prometemos que haremos todo lo que podamos para descubrir qué ha pasado.

—Y para devolverte tu negocio, claro —insistió Willy.

—Se los agradezco mucho —dijo Pantricia—. ¿Qué puedo hacer mientras tanto? ¡Esto es una pesadilla! ¡Mi carreta!

Desconsolada, Pantricia se arrodilló en el suelo y siguió llorando. El impacto de haber visto desaparecer delante de sus narices su carreta era insoportable para ella.

Mientras intentaban calmar a la escultora, un vecino llegó corriendo y pidiendo auxilio.

—**¿Qué pasa ahora?** —dijo Vegetta, preocupado por lo que podía estar ocurriendo.

—¡Socorro! ¡Mi huerto ha desaparecido! —gritaba el vecino. Venía casi desnudo, con una toalla en la cintura y el cuerpo mojado. El pelo chorreaba y le tapaba los ojos. Al llegar chocó con Willy.

—¡Calma! ¡Explícanos qué ha pasado! —le pidió Willy.

—Estaba bañándome tranquilamente en mi casa, preparándome para empezar el día, cuando de pronto he visto por la ventana cómo mi huerto empezaba a desvanecerse. ¡Ha sido horrible! Todos los botes de cátsup natural que tenía plantados se han empezado a deshacer en cubitos, haciéndose pedazos. Después han ido desapareciendo, como si estuvieran colándose por un hueco en el suelo —les explicó—. He salido a toda prisa de la regadera, me he resbalado y casi me caigo al suelo. Cuando he recuperado el equilibrio, el huerto ya no estaba en el patio de mi casa.

...ENTONCES HA SIDO

cuando he visto a una especie de ROEDOR verde, muy pequeño y con un aspecto muy extraño, que ha echado a correr a toda velocidad. No sé adónde ha ido.

¡Pero mi perro estaba allí! ¡Ese jerbo ladrón se ha comido a mi perro!

¡NO PUEDO VIVIR SIN MI PERRO!

El vecino, al pensar en el terrible destino de su perro, se puso a gritar mientras abrazaba a Willy. Por su parte, Vegetta tenía en brazos a Pantricia, que seguía gritando y llorando por su carreta.

Parecía un concurso de gritos.

Los llantos de uno y otra se iban haciendo cada vez más ruidosos. Cualquiera diría que intentaban que sus alaridos sonaran por encima de los de su compañero de desgracias.

—¡Llorar no los va ayudar, chicos! —dijo Willy, sin saber muy bien cómo calmar a las víctimas—. Vamos a investigar qué ha pasado. ¡Se los prometemos!

Mientras intentaban sofocar los llantos, Herruardo llamó la atención de Willy y Vegetta.

—Chicos... ¡Miren allí, en el puerto!

Más allá de la fuente y los edificios, había un barco en posición vertical, deshaciéndose ante sus propios ojos. Sin hacer ningún ruido, el navío estaba desintegrándose en millones de pequeños cubos.

—Tenemos que ir a ver qué pasa —dijo Vegetta a Willy. Su compañero asintió—. ¡Calma, por favor! ¡Vamos a ir al puerto para devolverles sus cosas!

—¡Mi perro no es una cosa! —gritó el vecino, y se echó a llorar aún más alto.

—¡No, no, lo siento! ¡Sus cosas y sus mascotas! —rectificó Vegetta, y salió junto con Willy, Trotuman y Vakypandy en dirección al puerto.

* * * * *

—**¡No es mi mascota! ¡Es mi amigo…!** —se escuchó gritar al vecino, mientras se alejaban.

Willy y Vegetta corrieron a toda velocidad mientras veían, impotentes, cómo el barco desaparecía en cuestión de segundos como por arte de magia. ¡Era una tragedia! Se trataba de una de las embarcaciones que los pescadores utilizaban para salir a la mar y pescar los ingredientes con los que Tabernardo hacía sus famosas *pizzas*, su especialidad culinaria y el aperitivo más popular de Pueblo.

Cuando llegaron al puerto, se encontraron a todos los pescadores con las manos en la cabeza, atónitos ante la desaparición. Willy y Vegetta estaban casi sin aliento; sus mascotas los seguían un poco más atrás.

—¿Qué ha pasado? —preguntó Willy.

—¡Ha sido increíble! ¡Un barco ha desaparecido! —les explicó el capitán de los pescadores. Se trataba de un hombre mayor, con barba blanca, un parche en el ojo y una pata de pan duro que Pantricia le había tallado—.

¡MI BARCO, NADA MENOS!

—¿Lograron ver al responsable? —preguntó Vegetta.

—¿Que si lo he visto? ¡Con mi propio ojo! —dijo el capitán, y se levantó el parche. Debajo escondía el objetivo de una cámara—. ¡Y lo tengo todo bien grabado, sí señor! ¡Se va a enterar ese gato!

—Ese... ¿gato? —dijo Willy, cada vez más confuso.

—Sí, era una especie de GATO. En realidad, diría que era algo más pequeño que un gato... —dijo el capitán en tono dudoso.

—Era más bien un LÉMUR —sugirió uno de los pescadores.

—¿Seguro? Yo diría que era un PEREZOSO —apuntó otro.

—Una cría de perezoso, ¿no? —matizó otro de los pescadores.

—**¡Ya basta!** —los mandó callar el capitán—. Era un gato y no se hable más. Lo tengo todo grabado.

—¿Nos podrías prestar la cinta, capitán? —preguntó Vegetta.

—Eso está hecho —accedió el capitán, y sacó una cinta de su bolsillo—. Creo que tengo grabada una película que pusieron ayer en la tele. Me quedé dormido viéndola. ¡Ni se les ocurra borrarla!

—No la borraremos, tranquilo… —le prometió Willy, impresionado por lo bien que estaban llevando los pescadores la pérdida de su barco. Eran gente peculiar—. ¿Vieron hacia dónde se ha escapado?

—Ha ido hacia allí —señaló el capitán, en dirección a la escuela, más allá de la Gran Biblioteca—. Sí, salió tan rápido que parecía que fuera volando.

Willy y Vegetta se miraron. Las clases ya habían comenzado y, si había ido hacia la escuela, los niños podrían estar en peligro.

—¡Gracias por todo, capitán! —gritó Willy, y los dos amigos salieron corriendo en la dirección que les había indicado.

—**¡Espérennos!** —exclamó Vakypandy, que llevaba a Trotuman encima.

* * * * *

LOS AMIGOS CORRIERON HACIA LA ESCUELA.

Pasaron por delante de la Gran Biblioteca, que estaba intacta. Se temían lo peor si esa criatura intentaba hacer algo con la escuela mientras los niños estaban dentro.

Afortunadamente, cuando llegaron todos los niños estaban riendo y saltando en el parque, más felices que nunca. Eso sí, no había ni rastro de la escuela. Dora se encontraba frente al sitio donde impartía clase, mirando en silencio una explanada vacía.

—¡Dora! ¿Qué ha pasado? —preguntó Vegetta.

—¡La escuela ha desaparecido! ¡Lo hemos visto todo! —explicó.

—¿ESTÁN TODOS BIEN? —preguntó Willy.

—Sí, sí, los niños están bien… Estábamos dando la clase en el parque, porque el día estaba siendo muy agradable y era difícil que se concentraran estando encerrados ahí dentro… —les contó Dora—. Estaba explicándoles cómo hacer divisiones cuando, de pronto, uno de los niños ha señalado la escuela. Al mirar, una criatura extraña estaba… ¡comiéndose el edificio! Ha sido muy rápido. Ahí estaba… *eso*, deshaciendo mi escuela y absorbiéndola como una aspiradora. Cuando ha terminado se ha largado fuera de Pueblo, más allá de las murallas, moviéndose más rápido que cualquier cosa que yo haya visto jamás.

¡Y he visto muchas cosas!

—¿Te fijaste en qué era esa criatura?
—preguntó Vegetta.

—Era... No sabría decirles. Nunca había visto algo
parecido. —Dora no conseguía poner en palabras lo que
acababa de ver—. Podía ser un perro o un gato, pero no
estoy segura. No tenía pelo, sino que parecía hecho de...
¿cubos?

—Por casualidad, ¿la escuela se descompuso también en
cubos pequeños? —preguntó Vegetta.

—¡Sí! Y la criatura, ese perro o lo que fuera, los absorbía
como si nada —explicó Dora—. Y flotaba... Al menos daba
la sensación de no tocar el suelo con sus patas.

—¿Dirías que era una cría de perezoso? —preguntó Willy.

—¿Cómo dices? —contestó Dora, sorprendida.

—Nada, nada... —desistió Willy, y se giró hacia Vegetta—.
Tenemos que volver a casa a ver la cinta que nos ha
dado el capitán. Según Dora, esa criatura se fue de
Pueblo. Quizá tengamos un rato para investigar antes
de que ataque de nuevo.

—Estoy de acuerdo —dijo Vegetta—. Volvamos a casa y
pensemos un plan. Tenemos que hacer algo. Puede que
Pueblo esté en peligro otra vez y no podemos permitirlo.

Willy y Vegetta se despidieron de Dora. Mientras se iban,
escucharon el jolgorio de los niños. Estaban contentos
porque la escuela —junto con sus pupitres, pizarras,
cuadernos y todo cuanto empleaban para estudiar—
había desaparecido. Para ellos, era un día de celebración.
Ahora, todo lo que tenían que hacer era jugar.

EL CIENTÍFICO

Vegetta y Willy examinaron en casa la cinta que les había dado el capitán de los pescadores. No era el video más nítido del mundo. La cojera del capitán y el *shock* del momento no habían ayudado a mantener enfocado todo lo que a Willy y Vegetta les hubiese gustado ver. Aun así, la imagen era impactante. El barco se elevaba hasta que se ponía en vertical sobre el mar. Unas gotas de agua salpicaron sobre la lente y emborronaron la imagen.

* * * * *

Poco después se podía apreciar la criatura de la que tantos vecinos de Pueblo les habían hablado: una especie de roedor grande. Quedaba claro que no era ni un gato, ni un perro ni, desde luego, una cría de perezoso.

Entonces vieron que esa criatura se apartaba del lugar, hasta un punto en el que aguardaba alguien. Apenas se distinguía una silueta que parecía ocultar su rostro bajo una capucha. Un detalle llamó la atención de Willy y Vegetta: aquel personaje parecía llevar un báculo dorado. **Los amigos se quedaron pensativos.**

Habían llegado a un callejón sin salida.

—Pero... ¿*WTF?* —dijo Willy, sin palabras.

—Nunca he visto nada así —reconoció Vakypandy—. Ninguna de las criaturas de este mundo me recuerda a esta. Desde luego, no sé de ningún ser que pueda hacer desaparecer una carreta o un barco en cuestión de segundos. ¡Y mucho menos un edificio entero! ¿Qué opinas tú, Trotuman?

—Lo mismo que tú —dijo la mascota de Willy—. Estoy igual de confuso que ustedes. No sé a qué nos enfrentamos esta vez, pero no me da buena espina.

Mientras hablaban, alguien llamó a la puerta. No esperaban visita. Todos cruzaron sus miradas y supieron al momento qué estaban pensando sin necesidad de intercambiar ni una palabra. Aquella llamada solo podía significar que se había producido otro ataque y sus vecinos aguardaban al otro lado de la puerta, en busca de ayuda.

Cuando abrieron, se encontraron con un personaje con el que nunca se habían cruzado en Pueblo.

Tenía cuerpo de ser humano y cabeza de león. Los gruesos cristales de sus lentes redondos le tapaban la mirada. Iba vestido con una larga bata blanca con manchas negras en el faldón. De sus bolsillos sobresalían una libreta y varias plumas. Sus guantes tenían manchas similares a las de la bata. Seguramente la usaba como trapo para limpiarse las manos.

El recién llegado se quitó los guantes y los guardó junto con la libreta y las plumas, ensuciando todo.
Acto seguido...

...TENDIÓ
SU MANO.

—Hola —saludó—. Me llamo **RAY.** Creo que tienen un problema con el que los puedo ayudar.

Vegetta y Willy dudaron unos instantes.
Estaban dispuestos a aceptar toda la ayuda que pudieran recibir para evitar que se produjeran más ataques, pero ¿y si era él quien estaba detrás de los ataques a Pueblo? No sabían cómo era la persona que se ocultaba tras aquella capucha e iba haciendo desaparecer con su báculo dorado todo cuanto se cruzaba en su camino... Entonces, los jóvenes se dieron cuenta de que ese tal Ray no portaba ningún bastón.

—Hola Ray, encantado de conocerte —saludó Vegetta, un poco más confiado—. Este es mi amigo Willy y aquí están nuestros queridos Vakypandy y Trotuman.

Después de intercambiar algo de información, **se apresuraron a enseñarle a Ray el video** que les había entregado el capitán. El extravagante personaje lo miró con atención, encorvado en el sillón que había frente a la televisión.

* * * * *

No dijo ni una palabra mientras lo veía, estudiando al detalle todo cuanto sucedía. Cuando terminó, se quedó pensativo unos segundos antes de comenzar a hablar.

—Mi trabajo en Pueblo es parecido al suyo —comenzó a explicarles—.

VELO POR LA SEGURIDAD DE LA CIUDAD.

En mi centro de control recibo información de las torres de vigilancia que hay en los alrededores, como la que tienen a pocos metros de aquí. Si detecto que algo extraño se dirige a Pueblo, como monstruos u otras posibles amenazas, emito un aviso. De hecho, quizá hayan recibido alguno de esos avisos.

—Sí —reconoció Vegetta—. Cada vez menos, por fortuna.

ESAS TORRES SE CONSTRUYERON DESPUÉS DEL ATAQUE DE LOS ZOMBIS, PARA EVITAR QUE NOS TOMARAN POR SORPRESA

OTRA VEZ.

—Exacto —continuó Ray—. Como dicen, últimamente mi trabajo no es ajetreado. Tenemos la fortuna de vivir en un sitio pacífico y con pocos sobresaltos. Además de vigilante, deben saber que soy científico. Con el tiempo y la ayuda de los habitantes de Pueblo, que me ofrecen lo que necesito sin pedir nada a cambio, he ido montándome un laboratorio muy completo en mi centro de control. Paso muchas horas allí y, mientras los sensores no me avisen de ningún peligro, la mayor parte del tiempo la dedico a mis investigaciones. Mi último invento, por ejemplo, es el protector labial de cacao al chocolate, diez veces más efectivo que el normal y con un sabor extraordinario.

—Lo he probado y es una delicia —reconoció Willy.

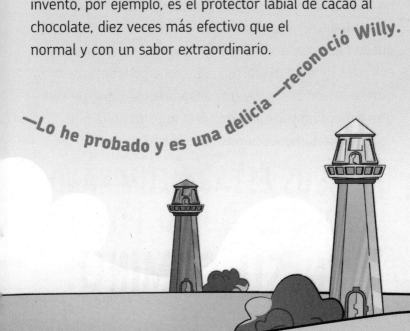

—¡Gracias! Como científico, también me dedico al estudio de las dimensiones paralelas: otros mundos que no podemos ver, pero que coexisten con el nuestro.

En ellos podemos encontrar otras ciudades, algunas llamadas Pueblo y otras de distintas maneras. En algunas dimensiones también viven ustedes, en otras solo vive Willy, en otras solo Vegetta; en algunas hay dos Willys y dos Vegettas, en otras ustedes son chicas y en otras los encargados de proteger a Pueblo son personas completamente distintas. Hay dimensiones donde no vive nadie todavía —les contó el científico. Willy y Vegetta no podían creer lo que escuchaban—. El estudio de las distintas dimensiones es un proceso complejo y no puedo hacer nada más que observarlas, sin interactuar con ellas de ninguna forma. Sin embargo, puedo decirles que he tenido la suerte, o la desgracia, de toparme con una dimensión muy parecida a la nuestra en la que ocurría exactamente lo mismo que aquí:

UN VIRUS ESTABA ELIMINANDO TODO LO QUE SE PONÍA EN SU CAMINO.

* * * * *

—¿Hablas en serio? ¿Has dicho un virus? —dijo Vegetta.

—Sí —dijo Ray—. Un organismo que se hace más fuerte a base de destruir y consumir todo lo que encuentra en su camino.

Mientras hablaba, el científico se levantó del sillón en el que había estado viendo el video, se echó las manos a la espalda y comenzó a caminar. Dio algunas vueltas por la casa, mirando con atención la decoración. Se dedicó a observar los cuadros, los muñecos, las mesas de trabajo y los recipientes en los que cocinaban su comida. Se detuvo frente a una ventana y se quedó mirando al infinito.

* * * * *

En su cara podía apreciarse esa mezcla enigmática de preocupación y ansia de conocimiento que tienen los científicos envueltos en investigaciones peligrosas y que pueden acabar con resultados dramáticos.

Su voz era clara y su discurso, articulado y coherente; sabía que su única esperanza estaba en hacerse entender. Tenía las herramientas para conseguirlo y las usaba con soltura. En otras palabras: daba gusto escucharle hablar...

—En el video han visto cómo actúa —dijo al cabo—. Descompone un objeto, por grande que sea, en unidades más pequeñas llamadas vóxeles y lo absorbe. Mientras investigaba la otra dimensión a la que también atacó un virus, pude apreciar que tenía un límite: cuando había absorbido una cierta cantidad de cosas, se retiraba durante un breve lapso de tiempo. No he podido determinar adónde huía o cómo se escondía. Solo sé que, si tomamos como ejemplo lo ocurrido en aquella dimensión, el virus que ha llegado a Pueblo volverá, tarde o temprano, y atacará otra vez.

—¿NO PODEMOS HACER NADA PARA DETENER AL VIRUS DE LA OTRA DIMENSIÓN? —preguntó Vegetta, preocupado.

—NO. Como les dije, no se puede interactuar con las otras dimensiones —lamentó Ray.

—SERÍA DEMASIADO PELIGROSO —apuntó Trotuman.

—Imagino que sí, pero además no tengo ni idea de cómo hacerlo —confesó el científico—. No obstante, creo tener la clave para salvar Pueblo, y con él a toda nuestra dimensión. La clave está en EL LIBRO DE CÓDIGOS.

Willy y Vegetta se miraron. No tenían ni idea de a qué libro se refería Ray.

—**A juzgar por sus caras, parece que no saben de qué les hablo, ¿verdad?** —Vegetta y Willy negaron con la cabeza al unísono—. Eso es que todo va bien. Se supone que no tienen que conocerlo. Ni siquiera Trotuman, y eso que tiene el nivel más alto posible.

—Pues no, no sé de qué estás hablando —reconoció la mascota.

—El *Libro de códigos* es un antiguo tomo que contiene el lenguaje en el que está escrita nuestra dimensión —comenzó a explicar Ray—. Ha pasado de generación en generación desde que este mundo existe. Ha estado guardado en cavernas, en tiendas de campaña de pueblos nómadas y debajo de almohadas. Cada cierto tiempo, el *Libro de códigos* cambia de manos por motivos de seguridad. De su cuidado se encargan siempre dos personas que guardan en secreto el lugar en el que lo tienen escondido. Solo lo saben ellos. Los que les cedieron la protección del libro dejan de tener conocimiento del nuevo emplazamiento en el que queda guardado, y lo mismo ocurre cuando el tomo pasa a los siguientes.

—**MUCHO LÍO DE MANOS** —cortó Vakypandy—. ¿Qué quieres decirnos con esto?

—Paciencia, paciencia —Ray calmó a Vakypandy—. Todo a su tiempo. Ahora mismo, yo soy uno de los protectores del *Libro de códigos*. En ese libro está la clave para crear un remedio para nuestro problema. Me refiero a un antivirus, por llamarlo de alguna forma, que nos permita enfrentarnos a esta amenaza en igualdad de condiciones, neutralizarlo y, si todo sale bien, recuperar

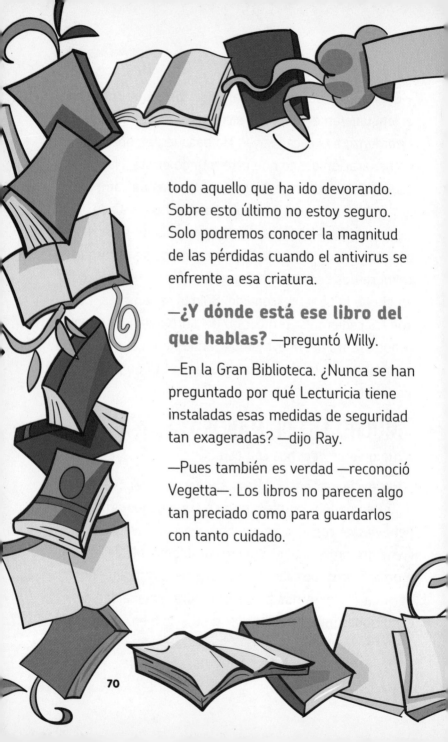

todo aquello que ha ido devorando. Sobre esto último no estoy seguro. Solo podremos conocer la magnitud de las pérdidas cuando el antivirus se enfrente a esa criatura.

—¿Y dónde está ese libro del que hablas? —preguntó Willy.

—En la Gran Biblioteca. ¿Nunca se han preguntado por qué Lecturicia tiene instaladas esas medidas de seguridad tan exageradas? —dijo Ray.

—Pues también es verdad —reconoció Vegetta—. Los libros no parecen algo tan preciado como para guardarlos con tanto cuidado.

—Sin embargo —recalcó Ray—, ya ven que encierran toda nuestra realidad en un lenguaje que solo espera a quien quiera leerlo para ofrecerle todos los secretos del mundo.

Ray comenzó a hurgarse en los bolsillos. Retiró los guantes, las plumas, la libreta y otros objetos insólitos que guardaba en lo más profundo de su bata blanca. A pesar de sus gruesos lentes (que parecían servir más de protección contra los accidentes en el laboratorio que de ayuda para ver mejor), su cara era muy expresiva. **Se le notaba nervioso y emocionado por lo que estaba a punto de entregar a Vegetta y Willy.**

De pronto, sacó una especie de tarjeta y se la mostró a los chicos. Tenía el borde gris, como si fuese de plástico, de un tono mate tirando a aburrido. En la parte central destacaba una placa metálica brillante de la que salían unos conectores diminutos. Parecía una pieza tecnológica muy delicada, a pesar de que Ray la llevara en el bolsillo con todos sus tiliches.

—Esta es **UNA DE LAS MITADES DE LA LLAVE MAGNÉTICA** que les dará acceso al *Libro de códigos* —indicó el científico—, el primer paso hacia la salvación de Pueblo. Tómenla y tengan cuidado con ella. ¡Es una pieza única!

—¡PERO SI LA LLEVABAS EN EL BOLSILLO, COMO SI NADA! —dijo Willy.

—¡Shh, calla! —dijo Vegetta mientras recogía la tarjeta—. Espera a ver qué nos dice.

—Deben ir a la **GRAN BIBLIOTECA** con esta tarjeta. Una vez allí, hablen con Lecturicia y tráiganme el libro antes de que sea demasiado tarde —les ordenó Ray—.

* * * * *

Deben saber que, una vez lo tengan, ustedes pasarán a ser los protectores del libro. Eso sí, antes de que lo escondan tienen que traérmelo para que podamos llevar a cabo nuestro plan.

Si todo sale como espero, con él podré crear el antivirus que necesitamos para evitar nuevas desgracias. No podemos dejar que ese virus ande suelto.

El discurso del científico convenció a Willy y Vegetta. Además, no tenían otra salida. Ray era su única esperanza en aquellos instantes. Ray... y el famoso *Libro de códigos*. Tenían que intentar cualquier cosa para detener aquella nueva amenaza.

Willy y Vegetta se miraron y asintieron en silencio.

—¿Ustedes qué dicen, chicos? —preguntó Vegetta a Trotuman y Vakypandy—. ¿Deberíamos hacerle caso?

—Nosotros estamos dispuestos —dijo Trotuman—. No podemos hacer menos.

—Así es. Vamos a patearle el trasero a ese virus —remató Vakypandy.

Vegetta y Willy sonrieron ante el entusiasmo de sus mascotas. No necesitaron decirse nada para saber que ambos estaban pensando lo mismo.

—Está bien, lo haremos —dijo Vegetta—. Te ayudaremos a crear ese antivirus.

—Puedes confiar en nosotros —dijo Willy.

—¡Genial! ¡Esas son magníficas noticias! —dijo Ray, alegre por el entusiasmo de los chicos—. Rápido, no tenemos tiempo que perder. Vayan a la Gran Biblioteca, encuentren el libro... ¡y aplastemos a esa criatura malvada!

Ray tendió la mano a Willy y Vegetta. Les dio un apretón firme y considerablemente fuerte que les dejó las manos doloridas. Al parecer, además de la cabeza, también tenía la fuerza de un león.

—Por cierto, Ray —preguntó Willy—, tengo una duda... Nosotros vamos a crear el antivirus con el *Libro de códigos*, ¿cierto?

—Así es.

—Entonces, si el antivirus tiene un creador,

el virus tiene que haber sido creado por alguien, ¿verdad?

—Efectivamente —dijo Ray—. Los virus no se crean solos. Puede que haya sido creado aquí, pero me late que alguien lo ha traído a esta dimensión, desde fuera.

—ME ESTÁS VOLVIENDO LOCO

—dijo Vegetta—. ¿Pero quién?

—Eso todavía no lo sabemos —aseguró Ray. El rostro se le puso taciturno y rígido—. Apostaría a que tiene mucho que ver ese ser encapuchado que apenas se distingue en el video del capitán. En cualquier caso, será mejor que estemos preparados porque, sea quien sea, está claro que viene con todo y no creo que vaya a tener piedad.

EL MERCENARIO

Willy y Vegetta se despidieron de Ray que, tras asegurarles que seguiría con sus investigaciones para averiguar tanto como le fuera posible sobre aquel virus que amenazaba a Pueblo, volvió a su laboratorio. Mientras tanto, ellos tenían que encontrar el *Libro de códigos*.

Salieron hacia la Gran Biblioteca en su busca. El ambiente en Pueblo era más lúgubre de lo habitual. Apenas había gente en las calles, seguramente por miedo a lo que había ocurrido. Se cruzaron con Herruardo, que volvía a su casa.

—¿Has cerrado ya, Herruardo? —preguntó Vegetta.

—¡Pues claro que he cerrado! —exclamó el herrero—. No esperarán que siga trabajando después de lo que le ha pasado a Pantricia, ¿verdad?

—Es comprensible —reconoció Willy—. Vamos a hacer todo lo posible para ayudar.

—Estoy seguro —dijo Herruardo—. Pero, de momento, me tocan vacaciones forzadas. Voy a encerrarme en mi casa hasta que pase todo esto.

Herruardo siguió su camino, intentando ver el lado positivo de lo que había pasado. Ya que trabajar era demasiado peligroso, por fin tendría tiempo de terminar los últimos videojuegos que había comprado.

Se le estaban acumulando peligrosamente.

En la plaza donde solía estar la estatua que celebraba su victoria, Willy y Vegetta se encontraron con Peluardo, que iba en busca de su hermano.

* * * * *

Al parecer, había ideado un nuevo artilugio que le resultaba indispensable para terminar su última creación. Se trataba de un peine con las púas de metal, muy afiladas y limadas en un ángulo concreto que le permitía cortar y peinar al mismo tiempo. Su nueva creación sería un gigantesco pastel de carne, ideal para bodas y fiestas de cumpleaños.

—¡Pero si tu hermano ya ha cerrado! —le avisó Vegetta—. Se ha marchado a casa. ¡Tú deberías hacer lo mismo!

—¿Cómo? ¿Tan pronto? —Peluardo estaba confuso.

—¿No te has enterado de las desapariciones? ¿No has oído nada acerca de la criatura que se está comiendo Pueblo? —preguntó Willy.

—¡Caray, no! ¿Quieren decir que han desaparecido más cosas aparte de la estatua?

—¡Ya lo creo! —exclamó Willy—. El puesto de Pantricia, un barco... ¡y hasta la escuela!

—He estado en mi taller, dedicado en cuerpo y alma a mi arte. No me he enterado de nada —reconoció Peluardo.

—Puede que no sea seguro estar en la calle —le aconsejó Vegetta—. Será mejor que vuelvas a tu taller y no salgas hasta que...

DE PRONTO, VEGETTA Y WILLY VIERON CÓMO ALGO SALÍA DE ENTRE DOS CASAS. ERA UNA CRIATURA QUE SE MOVÍA ÁGILMENTE DE UN LADO A OTRO Y QUE SE ACERCABA A ELLOS.

¡EL VIRUS!

—¡CUIDADO, PELUARDO! —gritó Vegetta.

Peluardo miró hacia atrás, sobresaltado por el aviso. Sin que pudieran hacer nada para evitarlo, el virus saltó encima del peluquero. Entonces, comenzó a deshacerse en pequeños cubos. En un abrir y cerrar de ojos, la criatura lo engulló y se dio a la fuga.

—¡TENEMOS QUE DETENERLA!

¡Se ha comido a Peluardo! —dijo Willy.

—¡Vamos, rápido! —exclamó Vegetta.

Corrieron tras el virus. Se movía a gran velocidad, flotando sobre el suelo y sin dejar ningún rastro. Se metió en el callejón del que había salido. Willy y Vegetta lo siguieron, pero, al llegar al espacio entre los dos edificios, el virus había desaparecido. En su lugar se toparon con una figura encapuchada, que vestía una larga túnica que lo cubría entero. Echó a correr en cuanto los vio.

—¡ALTO! —gritó Vegetta.

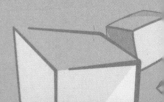

El misterioso personaje los ignoró y siguió corriendo. Willy y Vegetta salieron del callejón y lo persiguieron por las calles de Pueblo. Consiguieron ganarle terreno hasta que, cuando estaban en el parque frente a la desaparecida escuela, Willy consiguió alcanzarlo de un salto y le agarró la túnica.

Tras caer al suelo con la túnica en la mano, Vegetta se paró para ayudar a su amigo. Cuando miraron hacia delante, vieron que el encapuchado se había parado. Al igual que ellos, también estaba sin aliento por la carrera. Entonces se fijaron en que llevaba un **BÁCULO DORADO** en la mano, rematado con **UN GRAN ZAFIRO.**

Sin duda, tenía que ser el mismo personaje que vieran en el vídeo del capitán.

Sus vestimentas eran completamente distintas a las que usaban los habitantes de Pueblo. Bajo la túnica, iba enfundado en una especie de uniforme de color amarillo oscuro, compuesto por unas botas de aspecto militar, unos pantalones gruesos y una chamarra reforzada que casi parecía un chaleco antibalas. La capucha escondía una cara con una cicatriz que iba desde la mejilla hasta la frente, por encima de un ojo. Mostraba un gesto agresivo. Agotado y enfurecido por la intrusión de Vegetta y Willy, daba la sensación de que fuera a atacar en cualquier momento.

—**¿Quién demonios eres?** —gritó Vegetta mientras ayudaba a Willy a levantarse—. ¿Eres tú el que está destruyendo todo?

Al escuchar las palabras de Vegetta,

EL EXTRAÑO SE ECHÓ A REÍR.

JA JA JA JA JA

—¿Qué te hace tanta gracia, si se puede saber? —preguntó Willy, ya en pie gracias a la ayuda de su amigo. Vakypandy y Trotuman estaban en posición de ataque, detrás de ellos.

—**Ustedes me dan risa** —respondió—. He sido **MERCENARIO** demasiados años como para que dos escuincles me estropeen los planes ahora.

—¿Mercenario? —dijo Vegetta, mirando a Willy.

Aun sin saber de qué hablaba aquel tipo del báculo dorado, los amigos decidieron cargar contra él. Vakypandy y Trotuman los siguieron. Los cuatro se abalanzaron sobre él, para intentar derribarlo y que les explicara qué estaba pasando en Pueblo.

Al ver que el grupo se le echaba encima, el mercenario los apuntó con el báculo. Aquello hizo que los amigos se detuviesen en seco. Eran conscientes del peligro que corrían en aquel instante. **El mercenario sonrió maliciosamente y alzó el báculo hacia el cielo.**

Nubes negras cargadas de pequeños vóxeles comenzaron a cerrarse sobre Pueblo. Era como si pudiera controlarlas con el báculo.

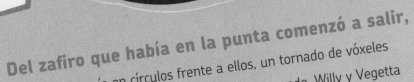

Del zafiro que había en la punta comenzó a salir, mientras lo movía en círculos frente a ellos, un tornado de vóxeles que se fue haciendo rápidamente más y más grande. Willy y Vegetta retrocedieron para evitar que el tornado se los tragara. El ritmo al que crecía hacía pensar que en cuestión de segundos iba a llevarse por delante Pueblo entero. Millones de cubos lo formaban a aquellas alturas, girando a toda velocidad mientras el mercenario movía más rápido el báculo. Con un movimiento brusco, el mercenario hizo que el tornado se dirigiera hacia ellos. Consiguieron salvarse por un pelo. Vieron cómo aquel remolino succionaba las bancas y mesas del parque, y todo cuanto encontraba a su paso. El tornado avanzó unos metros y se convirtió en una nube de vóxeles que volaron sobre las casas hasta volver a toda velocidad al zafiro del

BÁCULO.

Cuando regresó la calma, Willy y Vegetta vieron con asombro que el mercenario se había esfumado. El parque y los alrededores estaban destrozados. Las bancas y las sillas habían desaparecido, la arena presentaba profundos cráteres, un par de viviendas ya no estaban en su lugar original y los cristales de algunas ventanas alejadas habían estallado. El poder de aquel extraño personaje y su báculo dorado era mayor del que habían previsto. Vegetta y Willy ayudaron a ponerse en pie a sus mascotas, también aturdidas por el ataque del tornado.

—¿Se puede saber qué ha sido eso? —preguntó Vakypandy.

—**El tornado que ha salido de su báculo estaba formado por millones de cubitos** —dijo Willy—, como la criatura que atacó Pueblo.

¿PUEDE CONTROLAR AL VIRUS?

—Dijo que era un mercenario —añadió Vegetta—. ¿Para quién trabaja? ¿Qué busca? ¿Qué quiere conseguir de Pueblo?

—Quedándonos aquí no vamos a lograr nada —dijo Willy—. Tenemos que ir a la Gran Biblioteca y buscar ese libro del que nos habló Ray. Si el tornado era una muestra de lo que puede hacer con ese báculo, quién sabe qué sucederá la próxima vez que ataque.

—Tienes razón —dijo Vegetta—. Vamos, la Gran Biblioteca está aquí al lado. Tenemos que darnos prisa.

* * * * *

Preocupados por el terrible destino
que le podía esperar a Pueblo si no encontraban
la manera de detener a aquel villano,
el grupo se dirigió a la biblioteca. Allí era donde
el científico Ray les había dicho que estaba
escondido el *Libro de códigos*
con el que fabricar el antivirus que pondría
fin a los ataques.

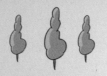

EL ENIGMA DE LA GRAN BIBLIOTECA

La puerta de la Gran Biblioteca era gigantesca. Sería cuatro veces más alta que Willy y Vegetta y demasiado pesada para que una persona pudiera abrirla por sí misma. Era la entrada a un edificio monumental, una obra titánica ideada como templo y como fortaleza en la que proteger todos los libros del mundo, reunidos y organizados meticulosamente por Lecturicia, la bibliotecaria y artífice del proyecto. Su vida eran los libros, y el cuidado con el que los guardaba era señal de ello. Enmarcada en la enorme puerta principal destacaba otra más pequeña, pensada para que entraran los visitantes.

Vegetta y Willy accedieron a la Gran Biblioteca. A la entrada llamaba la atención una mesa de lectura. Flanqueaban los muros decenas de estanterías de varios metros de altura, dispuestas formando infinidad de pasillos a través de los que se accedía a los libros. Unas gruesas columnas terminaban de crear el encuadre simétrico que, de un solo vistazo, dejaba claro que la Gran Biblioteca era un lugar en el que dominaba el

ORDEN Y EL EQUILIBRIO.

Solo Lecturicia sabía dónde estaban todos los títulos del catálogo. Ella era capaz de encontrar cualquier volumen de su biblioteca en un par de minutos. Podía tardar un poco más cuando necesitaba utilizar la interminable escalera de mano para llegar a los estantes superiores.

El silencio era total. Solo se escuchaba el eco de los pasos de Willy y Vegetta, que caminaban lentamente por la biblioteca. En un extremo de la mesa central estaba Lecturicia, junto a la única lamparita encendida.

—¡Hola, Lecturicia! —dijo Vegetta en voz alta, cuando aún estaban a treinta metros de ella—. ¡Necesitamos tu ayuda!

Lecturicia se sobresaltó. Estaba tan inmersa en su lectura que no se había percatado de la llegada de Willy y Vegetta.

—¡SHHHHHHH!

—ordenó callar.

—*Okey, okey...* —susurró Vegetta.

Se acercaron a Lecturicia, que hizo un gesto con la mano para indicarles que no hablaran. Se levantó de su asiento, apagó la luz y cerró su libro. Con una nueva indicación, les pidió que la siguieran hasta su despacho. Aunque no había nadie en la Gran Biblioteca, Lecturicia respetaba rigurosamente la principal norma de una institución como aquella: estaba prohibido hablar en voz alta.

Ya en su despacho, Lecturicia se mostró más simpática y amable.

—Hola, chicos. ¿Qué tal? ¿Necesitan algún libro? —preguntó.

—Perdona por haberte interrumpido, pero lo que te tenemos que pedir es bastante urgente... —susurró Vegetta de nuevo.

—Aquí no hace falta que bajes la voz —dijo Lecturicia mientras se sentaba en su silla, frente al escritorio.

—¡Perdón! —dijo Vegetta, poniéndose rojo—. Son los nervios. ¡Ejem! —se aclaró la voz—. Como decía, hemos llegado sin avisar porque tenemos que pedirte algo urgente. **Algo de lo que puede depender el destino de todo Pueblo.**

—¡Bueno, bueno! ¡Esto se pone interesante! —exclamó Lecturicia, recostándose en su asiento—. Cuéntenme más.

—Te resumo —dijo Willy, tomando la palabra—. Hay un virus suelto por Pueblo, aparentemente controlado por un mercenario al que nunca habíamos visto y que está haciendo desaparecer todo lo que encuentra en su camino. Igual no te has enterado.

—¡No, lo siento! ¡Qué espanto! —Lecturicia se llevó las manos a la boca, aterrada por lo que le contaban—. He estado varios días encerrada aquí, leyendo una novela que llevaba un tiempo sin leer.

—¿Y está bien? —preguntó Vegetta.

—¿Quién? —respondió Lecturicia.

—¡La novela!

—¡Ah, sí! —El despiste de Lecturicia, a veces más interesada en sus libros que en el mundo que la rodeaba, quedó patente—.

...Es la historia de dos amigos y sus mascotas cuyo pueblo es arrasado por una horda imparable de zombis. Entonces tienen que salir en busca de un legendario rey que puede hacer que todo vuelva a la normalidad y ayudarlos a salvar a sus vecinos.....

¡SEGURO QUE LES GUSTARÍA!

—No sé por qué se me hace conocido... ¡Pero suena muy bien! —dijo Vegetta.

—No nos desviemos —interrumpió Willy—. El virus ha hecho desaparecer varios edificios y, justo antes de venir a verte, se ha comido a Peluardo delante de nuestras narices. Entonces hemos visto a su... ¿dueño? —Willy no sabía cómo describir la relación entre el mercenario y el virus—. No hemos podido hacer nada contra él. Nos ha tumbado sin esfuerzo.

—**¿Y cuál es mi papel aquí?** —preguntó Lecturicia—. ¿Quieren que vaya a buscarlo y le dé unos azotes?

—Muy graciosa —dijo Vegetta—, pero no.

TENEMOS ESTO...

Vegetta rebuscó en sus bolsillos hasta dar con el trozo de llave magnética que les había entregado Ray. **La mostró y la cara de Lecturicia cambió por completo.**

—**No puede ser. ¿Lo han visto?** —preguntó.

—¿Te refieres a Ray? —preguntó Willy.

—Sí, a Ray. No lo veo desde que se encerró en su laboratorio...

—Está bien —dijo Willy para intentar calmar a Lecturicia, visiblemente afectada al escuchar el nombre de Ray—. Nos ha dicho que habláramos contigo para buscar el *Libro de códigos*. ¿Podrías ayudarnos?

Lecturicia le arrebató la llave magnética a Vegetta con un movimiento rápido. Vegetta se quejó, pero ella ya estaba inmersa en otra cosa. No le hizo ni caso. Abrió varios cajones de su escritorio y comenzó a buscar en ellos. Rebuscó entre todo lo que tenía guardado, que no era poco, intentando encontrar algo sin éxito. Después de un rato revolviendo, sacó de un cajón un objeto que a Willy y Vegetta les resultó familiar: era la otra mitad de la llave magnética. Lecturicia, todavía nerviosa, unió las dos mitades.

—Antes que nada, ¿por qué les ha dado Ray esto? —preguntó Lecturicia.

—Necesitamos el *Libro de códigos* —insistió Willy—. **Ray dice que puede crear un antivirus con él.**

—**La situación debe de ser grave** —asintió Lecturicia—. Ray no le daría la llave a nadie de no ser así. Vengan.

Lecturicia condujo a Willy y Vegetta de nuevo a la sala principal. Se acercaron a una de las columnas que había junto a la mesa de lectura. Presionando con suavidad un punto concreto de ella, **Lecturicia descubrió un teclado numérico,** en el que marcó rápidamente un código de cinco cifras. El proceso fue tan veloz que a Willy y Vegetta apenas les dio tiempo a ver qué estaba haciendo la bibliotecaria. Antes de que pudieran preguntar nada, **la mesa comenzó a elevarse, dejando a la vista una puerta metálica.** Los amigos estaban impresionados. No tenían ni idea de que en la Gran Biblioteca de Pueblo, un edificio tan difícil de ignorar, todavía hubiera cosas que no conocían. Lecturicia se dirigió al **sensor** que había al lado de la puerta y acercó la tarjeta, desbloqueándola.

Mientras se abría, Vegetta y Willy pudieron comprobar su grosor, propio de una puerta blindada que parecía imposible de abrir a la fuerza. Las medidas de seguridad de la Gran Biblioteca, definitivamente, estaban a la altura de lo que Ray les había dicho.

—**Vamos, síganme** —indicó Lecturicia—. Aquí es donde está escondido el *Libro de códigos*.

Willy y Vegetta siguieron a la bibliotecaria.
La puerta daba paso a unas escaleras que bajaban hasta
un piso inferior, a unos diez metros de profundidad.
Allí los aguardaba otra puerta, tan robusta como la de
arriba, que abrieron con la misma llave. Vakypandy y
Trotuman siguieron de cerca a sus amigos, igual de
impresionados por las tremendas medidas de seguridad.

* * * * *

La sala en la que estaba guardado el *Libro de
códigos* era una habitación sin decoración.
Permanecía iluminada por unas pocas luces
que marcaban el camino hacia una vitrina
situada al fondo, cercada por una
BARRERA DE LÁSERES.

* * * * *

—Ahí está el libro —dijo Lecturicia.

—**¡DÉMONOS PRISA!** ¡Ray nos está esperando!
—dijo Vegetta mientras se acercaba a la vitrina.

—**¡CUIDADO, INSENSATO!** —exclamó
Lecturicia. Sujetó a Vegetta por el brazo, impidiendo que
avanzara más—. ¡Esos láseres te cortarán en pedacitos
antes de que puedas darte cuenta!

—Por favor, desactívalos —pidió Willy—. Necesitamos
tomarlo.

—No puedo hacerlo —dijo Lecturicia—. Los guardianes no podemos dar el libro a nadie. Los he traído hasta aquí, pero ahora son ustedes los que tienen que conseguir el libro por su cuenta. No se dieron cuenta, pero al pasar por la puerta el sistema de seguridad los escaneó. Si la primera puerta no se activara con la llave magnética, la segunda quedaría bloqueada, inutilizando la llave. Por otra parte, si el escáner detectase algún intruso, la vitrina en la que está el libro se hundiría en el suelo, bajo varios centímetros de acero blindado.

¿Ven esos agujeros? —dijo señalando a las paredes, que tenían cientos de agujeros—. Si el sistema detecta una intrusión, de ahí salen potentes láseres que pueden cortar casi cualquier material. Por eso es tan importante que nadie conozca a los protectores del libro. Permítanme un momento...

* * * * *

Lecturicia se acercó a la barrera y oprimió un botón; en el suelo se abrió una escotilla de la que salió un tótem metálico. **En lo alto del tótem se encendió un foco que proyectó UN HOLOGRAMA.**

* * * * *

—A partir de aquí no puedo ayudarlos. Tienen que resolver el enigma.

Si lo hacen correctamente, la vitrina se abrirá y PODRÁN TOMAR EL LIBRO.

–¿Y SI NO LO RESOLVEMOS?

—preguntó Vakypandy.

—Los láseres de las paredes se activarán —dijo
Lecturicia—. Y entonces...

Hizo un gesto con la mano abierta, pasándosela por el
cuello.

—Entonces no salimos de aquí —completó Vegetta.

—Exacto —respondió Lecturicia—.
Por eso, van a permitirme que
espere al otro lado de la
puerta blindada.

Los cuatro amigos se quedaron pasmados mirando el holograma que se alzaba ante ellos. Se trataba de un cilindro de enormes dimensiones, dividido en tres ruedas. Cada una de esas ruedas presentaba diversas combinaciones. En la primera de ellas se podía apreciar la totalidad de las letras del abecedario. La segunda era muy alegre, pues presentaba un surtido de animales de colores de lo más variado. La última mostraba la serie de los números.

—Bueno, bueno... Si no me equivoco, este botón rojo servirá para proponernos el enigma –dijo Willy.

—Como te equivoques y actives los láseres... —bromeó Trotuman.

—Eso no ha tenido gracia. Ahora no estoy seguro de si me atrevo a apretar el botón.

Pero Vakypandy no se lo pensó dos veces y lo oprimió. Al instante, en la parte inferior del holograma apareció un acertijo en letras blancas brillantes:

En medio del libro estoy,
no soy ni hoja ni tinta,
y si vas a la biblioteca,
me encontrarás la primera.

—¿Qué clase de broma es esta? —preguntó Trotuman.

—Broma o no, el destino de Pueblo depende de lo que hagamos en este instante —dijo Willy—. ¿Alguno tiene idea de lo que puede significar?

—Yo descartaría la solución numérica —propuso Vakypandy.

Todos se mostraron de acuerdo.

—Y tampoco le veo mucho sentido a un animal de color —apuntó Vegetta—. Aunque nunca se sabe...

—**¡LO TENGO!** —exclamó de pronto Vakypandy—.

¡Es la letra b!
¡Está clarísimo!
Está en medio de la palabra «libro»
y es la primera letra de la palabra «biblioteca».

* * * * *

Todos se mostraron de acuerdo con el razonamiento de la mascota. Willy se acercó al cilindro y desplazó la rueda hasta colocar en el indicador la **letra b.**
Entonces, una LUZ VERDE marcó el acierto.

—**¡FANTÁSTICO!** —exclamó Vegetta—. Vamos con la siguiente cuestión.

Más animado,

oprimió el botón rojo.

Al instante, apareció

la segunda adivinanza:

En un árbol había siete palomas.
Un cazador disparó y mató dos.
¿Cuántas palomas quedan en el árbol?

Vakypandy sonrió.

—¡Está regalado! —exclamó—. Si había siete y caen dos, está claro que quedan cinco palomas.

La mascota se dirigió a la rueda y, cuando se disponía a girarla, Trotuman le gritó:

—**¡ESPERA!** No puede ser tan fácil... **ES UNA**

PREGUNTA TRAMPA.

—¿Tú crees?

Trotuman asintió.

—Te lo preguntaré de otra manera...

Si el hombre cazó dos palomas, ¿cuántas quedarían en el árbol después de un disparo?

* * * * *

Willy sonrió.

—A no ser que las palomas fuesen sordas, me temo que ninguna. ¡Bien dicho, amigo!

Rápidamente, giraron la rueda de los números hasta colocarla en la posición del **cero.** Como sucediera antes, una LUZ VERDE indicó que la respuesta era correcta.

—¡Buf! Llevamos dos aciertos... ¿Vamos por la última? —propuso Vegetta.

Una vez más, oprimió el **botón rojo** para dar paso al último enigma.

Si sopla, me muevo.
En Pueblo me ves,
si miras al cielo.
Y corro, pero no vuelo.
¿Qué animal soy?

—¡Ándale! ¡Esto sí que es difícil! En Pueblo hay muchos animales... —dijo Willy.

—Caballos, perros, pájaros... —resumió Trotuman—. ¿Podría ser un caballo? Corre y no vuela...

—¿Has visto algún caballo en el cielo? ¿Y que se mueva si le soplas? —respondió Vakypandy—. Solo caminan si les das zanahorias.

**La mascota giró la rueda
y comenzaron a desfilar animales**.
Apareció un cerdo, un caballo, un ruiseñor, un unicornio,
un perro...

—Espera un momento —dijo Vakypandy, haciendo
retroceder la rueda—. ¡Un unicornio! ¡Eso es!

—¿Pero cuándo has visto tú un unicornio? —le
preguntaron sus amigos.

—Todos los días —sonrió Vakypandy—.

En la veleta que hay sobre el consultorio
de Remedios, nuestra curandera.

* * * * *

Willy y Vegetta asintieron, sorprendidos por lo bien que
se habían desenvuelto las mascotas con los enigmas.

—Tiene sentido —dijo Vegetta—. Además, todas las pistas
coinciden. Se trata de un animal que está en Pueblo y
que se mueve cuando sopla el viento.

—Una veleta no corre... —protestó Trotuman.

—Pero un unicornio sí —sentenció Vakypandy, que ajustó
la rueda en la posición del animal.

Cuando la tercera **LUZ VERDE** se encendió, los amigos
lo celebraron.

—¡Ya está! —exclamó Willy—. ¡Lo tenemos, Vegetta!

—¡LO HEMOS CONSEGUIDO! —dijo su amigo.

LA BARRERA DE LÁSERES SE APAGÓ Y LA VITRINA COMENZÓ A ABRIRSE LENTAMENTE.

Los amigos se secaron el sudor de la frente. Por fin habían conseguido el *Libro de códigos*. Lo agarraron con cuidado.

—Buen trabajo, chicos —dijo Lecturicia, regresando junto a ellos—. Ahora, dense prisa. Llévenle el libro a Ray antes de que sea demasiado tarde. El libro es ahora su responsabilidad. No lo olviden: contiene todo lo necesario para crear el antivirus, pero ha de ser usado bien. En las manos equivocadas, podría ser una herramienta muy peligrosa.

—Tranquila, Lecturicia —dijo Vakypandy—. Sabemos lo que hacemos.

—Eso espero —dijo Lecturicia, mientras el grupo se dirigía a las escaleras que subían a la sala principal—.

ESO ESPERO...

Era un libro voluminoso, encuadernado en cuero azul, sin inscripciones de ningún tipo. No había pistas de lo que contenía en su interior.

EL VIRUS ATACA
DE NUEVO

Willy, Vegetta y sus mascotas desaparecieron escaleras arriba. Mientras tanto, Lecturicia dejaba todo listo abajo, para cerrar la cámara en la que había estado guardado el *Libro de códigos*.

El silencio en la sala principal seguía siendo sepulcral. Por eso, cuando alguien lo perturbó de manera inesperada, el grupo se sorprendió.

—Felicidades, chicos —una voz retumbó en la estancia—. Lo consiguieron.

Willy y Vegetta miraron hacia la puerta. Apoyado en el marco, aguardaba el mercenario del báculo dorado. Comenzó a aplaudir lentamente, se separó de la puerta y caminó hacia ellos.

—TIENEN EL LIBRO. AHORA, CON SU PERMISO, VOY A TENER QUE QUITÁRSELOS —dijo.

—¿Cómo sabías que estábamos aquí? —preguntó Willy, escondiendo el libro tras su espalda.

—¿De verdad no lo habían imaginado? —preguntó el mercenario—.

¿SON TAN INGENUOS QUE PENSABAN QUE UN BARCO Y UNA ESCUELA ME PODÍAN IMPORTAR EN LO MÁS MÍNIMO?

MI OBJETIVO DESDE EL PRINCIPIO HA SIDO EL LIBRO DE CÓDIGOS, PERO NECESITABA... ¿CÓMO DECIRLO?

UNA MANO INOCENTE PARA QUE LO SACARA DE AQUÍ POR MÍ.

—Deja la palabrería de malo de película —interrumpió Vakypandy—. Dinos cómo nos has encontrado y así podremos patearte el trasero pronto y no perder tiempo.

—¡Muy graciosa! —dijo el mercenario—. Veo que tienen a su animal bien educado.

* * * * *

—¿A quién llamas animal, bocón? —dijo Vakypandy, e intentó avanzar para encararse con el mercenario. Willy sujetó a su mascota y trató de tranquilizarla.

—Denme el libro. Procuremos que no sea más doloroso de la cuenta —amenazó el mercenario.

Willy y Vegetta se miraron. Estaban arrinconados.

—¿Puedes al menos decirnos cómo te llamas? —preguntó Vegetta. Estaba nervioso y no sabía qué decir para ganar tiempo mientras se les ocurría un plan.

—¡Cómo me llamo! —el mercenario se echó a reír—. Pueden llamarme **THOMAS.** Mi nombre no es importante. En cuanto tenga el *Libro de códigos* me iré de aquí y ustedes no tendrán que preocuparse más por su pueblito.

El mercenario alzó el báculo y del zafiro salió su peor pesadilla. Esa criatura cada vez era más grande. Bastó un giro del báculo para que una de las estanterías comenzase a desintegrarse en vóxeles.

—Tenemos que salir de aquí —dijo Vegetta.

—¡No me digas! —respondió Willy—. ¿Qué podemos hacer?

Thomas avanzó lentamente, saboreando cada momento de angustia que estaba provocando en el grupo. Su criatura seguía tragando y tragando cubitos. La sonrisa sádica de su rostro dejaba claras sus intenciones: quería el libro, pero también disfrutaba haciendo sufrir a Willy y Vegetta.

Alertada por el ruido, Lecturicia salió del sótano. Horrorizada por el caos que se había desatado en su biblioteca, la obra a la que había dedicado toda su vida, se llevó las manos a la cabeza y comenzó a chillar. Los gritos llamaron la atención del mercenario, que ordenó al virus atacar a la bibliotecaria. Lecturicia, espantada al ver lo que se le venía encima, regresó corriendo al sótano y se encerró con todas las medidas de seguridad.

—¡Lecturicia! —gritó Vegetta—. ¡Eres un malnacido! ¡Ella no tiene la culpa de nada! —le dijo al mercenario.

—¿Y quién tiene la culpa aquí, eh? —preguntó él, sonriendo—. ¿Tienes tú la culpa de algo?

Vegetta no supo qué responder.

—No te preocupes, Vegetta —le susurró Willy—. Ahora mismo no creo que haya un sitio más seguro en todo Pueblo que ese. Ahí estará a salvo. Mucho más que nosotros...

Thomas continuó con su paseo sádico hasta la columna tras la que estaban escondidos Willy y Vegetta. El virus seguía atacando las estanterías cercanas con la única intención de minar la moral del grupo.

—Dame el libro —pidió Trotuman a Willy.

—¿Cómo? —preguntó Willy, sorprendido.

—Dame el libro, hazme caso —insistió Trotuman—. Tengo una idea.

Willy le dio el libro a su mascota. Trotuman salió de detrás de la columna y miró a Thomas con una sonrisa burlona.

—**¿QUIERES ESTO?** —preguntó, sarcástico—. Te has encaprichado, ¿eh?

El mercenario torció el gesto. Si quería jugar, jugaría. Entonces, ordenó un nuevo ataque del virus. Trotuman consiguió escapar por un pelo. Aprovechó el desconcierto causado por un revuelo de vóxeles para dejar el libro en el suelo y que lo recuperase Willy.

—Guárdalo bien —le aconsejó Trotuman.

Con cuidado de no llamar la atención de Thomas, que seguía pendiente del virus, Trotuman corrió hacia una de las estanterías cercanas y empezó a agarrar libros y a tirarlos al suelo. Willy y Vegetta no sabían qué estaba haciendo. **De pronto, sacó un libro encuadernado en cuero, de un azul parecido al del *Libro de códigos*, pero con letras en la cubierta.**

—Pase lo que pase, agarren el *Libro de códigos* y salgan corriendo cuando yo les los diga —les indicó—. Nos lo estamos jugando todo.

Willy asintió en silencio y Trotuman salió de nuevo de su escondite.

—¡HASTA NUNCA, BOBALICÓN! ¡Seguro que ni siquiera sabes leer! —gritó y echó a correr hacia el otro extremo de la Gran Biblioteca.

El mercenario, sorprendido por la estrategia de la mascota, orientó al virus en su dirección. Visiblemente nervioso por la huida de Trotuman, hizo que su criatura destrozara todo cuanto encontraba a su paso. Millones de cubitos comenzaron a caer de las estanterías. Todos esos libros que la buena de Lecturicia había protegido y cuidado como si fuesen sus hijos caían descompuestos.

A ESE RITMO, EL EDIFICIO ENTERO SE DERRUMBARÍA EN POCO TIEMPO.

Trotuman siguió corriendo hasta resguardarse detrás de otra columna, al otro lado de la Gran Biblioteca. Thomas retrocedió y rodeó la mesa, tratando de tenderle una emboscada. Mientras tanto, Willy y Vegetta miraban lo que estaba pasando desde lejos, todavía protegidos tras la columna.

Trotuman consiguió llegar al extremo de la biblioteca y permaneció detrás de la última estantería, todavía intacta. Acorralado, agarró el libro con fuerza y se lo guardó en el pecho, mientras Thomas se acercaba apuntando al frente con su báculo. Rodeó la última estantería y encontró a Trotuman sentado en una esquina, sujetando el libro entre sus brazos. El mercenario se echó a reír de nuevo.

—Por lo menos me has entretenido un poco —dijo con sorna.

—Te ríes mucho, ¿no? —dijo Trotuman—. Para ser el tonto de la película.

El rostro de Thomas cambió por completo. Ahora sí que estaba enfadado. Apuntó a Trotuman con el báculo.

—¿Cómo dices, tortuga? —preguntó, furioso.

—Perdona, no sabía que te fallara el oído —dijo Trotuman—. Decía que te ríes mucho, como si no te dieras cuenta de que eres el TONTO de la película.

—¡YA BASTA! ¡ESTÁS MUERTO! —gritó Thomas.

—¡Ahora! —Trotuman gritó a sus compañeros, que seguían ocultos a la espera de la señal de su amigo.

Thomas, sorprendido por el grito, miró hacia la columna tras la que estaban parapetados Willy y Vegetta. La mascota aprovechó la distracción para levantarse de un salto, lanzarle el libro a Thomas y correr hacia la estantería junto a la que estaba el mercenario. Willy y Vegetta vieron todo desde la distancia, mientras se dirigían a toda prisa hacia la salida. Trotuman empujó la estantería con las dos manos y la tiró sobre Thomas, que se tapó la cabeza con los brazos mientras el mueble y cientos de libros caían sobre él.

El grupo llegó a la salida y Trotuman, todavía exhausto por el esfuerzo, salió corriendo para reunirse con ellos. Vegetta y Willy sujetaban la puerta cuando un estruendo los sorprendió. Thomas, el mercenario, se había zafado de la estantería, que había sido devorada por el virus. Enfadado, se puso en pie y apuntó con su báculo a Trotuman, que se giró hacia Willy y Vegetta.

—¡CORRAN! ¡SALGAN DE AQUÍ, RÁPIDO! —gritó.

—¡Trotuman, ven! ¡No puedes quedarte aquí! —Willy se negaba a dejar allí a su mascota—. ¡Tienes tiempo!

—¡Willy, vete! ¡Llévenle el libro a Ray! —insistió Trotuman.

Del báculo dorado de Thomas salió el virus. Pudieron ver con claridad su forma animal. Era un ser parecido a un perro, pero sin ojos.

Toda su cara
la ocupaba una
gigantesca mandíbula,
y millones de cubos
rodeaban unos afilados dientes.
Flotando sobre el suelo, se abalanzó
sobre Trotuman a toda velocidad.
**En cuestión de segundos, la mascota de
Willy había sucumbido a su ataque.**

—¡TROTUMAN, NO! —gritó Willy, consternado.

—¡Willy, tenemos que irnos de aquí! —dijo Vegetta—. ¡Recuperaremos a Trotuman, cueste lo que cueste! ¡Pero si no nos vamos, ese loco nos va a hacer lo mismo a nosotros!

Vegetta jaló a Willy hasta que, rendido por lo que acababa de presenciar, se dejó llevar. Cerraron la puerta y se marcharon corriendo en dirección al laboratorio de Ray, más allá de los bosques aledaños a Pueblo. Mientras escapaban, Vakypandy miró hacia atrás y pudo ver cómo el virus hacía desaparecer la puerta. Thomas salió de la biblioteca y miró con odio al grupo, que seguía corriendo hacia los bosques. Con un movimiento del báculo ordenó al virus volver al zafiro al tiempo que daba un grito de rabia.

—Tenemos que llegar hasta donde está Ray lo antes posible —dijo Vakypandy—. Tengo la corazonada de que Trotuman y todo lo que se ha comido el virus no ha desaparecido. Creo que podemos recuperarlo todo.

—Espero que tengas razón porque, si no, voy a matar a ese tipo —dijo Willy mientras el grupo salía de Pueblo a través de la muralla que había cerca del parque y se adentraba en los bosques.

SIDEQUEST

Consternados por lo que acababa de ocurrir, Willy, Vegetta y Vakypandy se adentraron en el bosque en el que se erigía la torre de vigilancia donde Ray había montado su laboratorio. Siguieron en silencio uno de los caminos que marcaba la tierra desnuda entre árboles y arbustos. Willy no podía quitarse de la cabeza la idea de perder a Trotuman y no volver a ver a su amigo, con el que había vivido tantas cosas.

Mientras avanzaban hacia el laboratorio de Ray, algo llamó la atención del grupo. En su camino encontraron en el suelo un nido vacío de **FATU-LIVA,** un extraño pájaro en peligro de extinción.

Vakypandy reconoció el nido y, siguiendo un rastro de ramitas, llegó hasta un fatu-liva que se resguardaba, asustado, detrás del tronco de un árbol cercano. Vakypandy conocía bien esta especie de pájaro, como tantas otras cosas. Imitando su piar, pudo hablar con él sin problemas.

—No queremos hacerte daño —dijo, para tranquilizarlo; Willy y Vegetta supieron cómo había sido la conversación más adelante, cuando Vakypandy les contó que había hablado con el pájaro—. ¿Qué te pasa? ¿Estás bien?

—Me duele un poco... —dijo el pájaro, señalando una pata con su ala—. Los leñadores que buscan madera en estos bosques estaban talando cerca de mi nido. En lugar de escapar, tal y como había hecho en otras ocasiones al verlos, tuve la triste idea de quedarme en mi rama, confiando en que no llegarían hasta mi árbol. Y ya ven que no fue así.

—¿ESTÁS SOLO? ¿NECESITAS QUE TE AYUDEMOS?

—Mi familia se fue, como hacemos siempre, pero yo me caí y me lastimé la pata. Me cuesta moverme... —se quejó el pájaro—. Si me pudieran llevar hasta ellos...

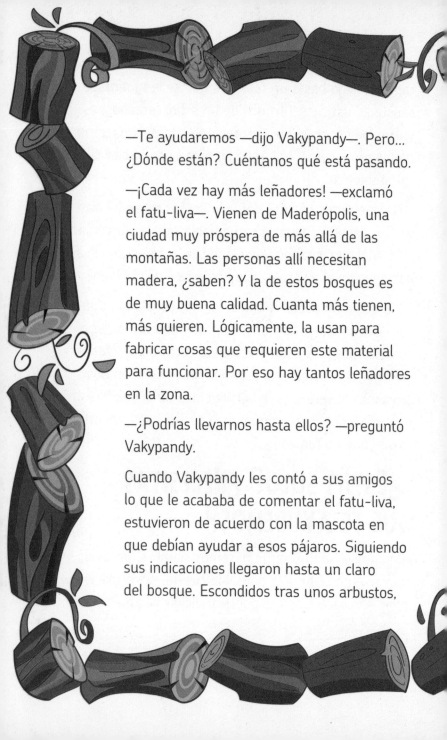

—Te ayudaremos —dijo Vakypandy—. Pero...
¿Dónde están? Cuéntanos qué está pasando.

—¡Cada vez hay más leñadores! —exclamó
el fatu-liva—. Vienen de Maderópolis, una
ciudad muy próspera de más allá de las
montañas. Las personas allí necesitan
madera, ¿saben? Y la de estos bosques es
de muy buena calidad. Cuanta más tienen,
más quieren. Lógicamente, la usan para
fabricar cosas que requieren este material
para funcionar. Por eso hay tantos leñadores
en la zona.

—¿Podrías llevarnos hasta ellos? —preguntó
Vakypandy.

Cuando Vakypandy les contó a sus amigos
lo que le acababa de comentar el fatu-liva,
estuvieron de acuerdo con la mascota en
que debían ayudar a esos pájaros. Siguiendo
sus indicaciones llegaron hasta un claro
del bosque. Escondidos tras unos arbustos,

vieron a un grupo de leñadores. Algunos cargaban madera en un gigantesco camión, mientras otros descansaban sentados en un grupo de tocones recién cortados. Unos comían y otros jugaban a las cartas. Otro grupo dormía la siesta en el campamento improvisado que habían montado en el claro. Los árboles cortados se contaban por decenas. A su alrededor, los tocones se erigían como las lápidas de un triste cementerio.

—A ESTE RITMO, PRONTO NO QUEDARÁ NADA que talar —se

lamentó el fatu-liva, que se había subido al hombro de Willy—. Esto antes era un bosque frondoso y lleno de animales. La mayoría nos estamos yendo porque nuestros hogares están desapareciendo.

—Es terrible… —dijo Vakypandy.

—Fíjate en aquellos leñadores —dijo el pájaro, señalando a cuatro de ellos que, en cuclillas, estaban reunidos en círculo—. **Mira sus dados.**

Vakypandy se fijó en el grupo que jugaba a los dados. Eran tres dados muy raros, de un tamaño más grande de lo habitual. Parecían pintados a mano y sus caras tenían un color blanco turbio, con tenues motas grises. Uno de los leñadores tomó los dados con las dos manos y los lanzó con cuidado. A pesar de todo, uno de ellos se rompió. Del dado salió un líquido anaranjado y los leñadores estallaron en carcajadas.

—Eso es… —dijo Vakypandy.

—**Es un huevo, sí** —dijo el fatu-liva—. Los huevos de fatu-liva tienen forma de cubo. Los leñadores los roban y les dibujan los puntos con una mezcla de grasa y ceniza. Incluso han inventado normas nuevas para su juego de dados, para cuando se les rompe uno.

Vakypandy les explicó la situación a Willy y Vegetta y ambos comprendieron la importancia de conseguir que los leñadores respetaran el bosque y a sus habitantes. No tenían demasiado tiempo. Se habían quedado consternados por la fatídica situación que se estaba viviendo allí, pero lo que ocurría en Pueblo era también terriblemente grave. Debían encontrar una solución rápida y eficaz para que los leñadores dejaran de explotar el bosque antes de que la fauna se quedara sin un lugar donde vivir.

—Tengo una idea —dijo de pronto Vegetta.

—Cuenta, cuenta —pidió Willy—. Yo solo tengo cabeza para Trotuman...

—¿Creen que a los leñadores les gustaría trabajar en un bosque encantado?

Willy torció el gesto.

—No te entiendo.

—Criaturas extrañas, que den miedo y eso —aclaró Vegetta.

—¿Estás pensando en llamar a las brujas? —preguntó Willy, abriendo los ojos como platos—. ¿Estás loco? ¡Eso nos llevaría una eternidad! ¡Para entonces el virus no habrá dejado ni las migajas de Pueblo!

—Tenemos una solución más fácil... ¡Se llama Vakypandy!

En un principio, Vakypandy se sintió orgullosa. Pero no tardó en reaccionar.

—¿Pretendes que salga ahí y ahuyente a todos esos leñadores? Sabes que yo haría por ti cualquier cosa, Vegetta. Pero no creo que funcione...

—¿Y si haces un poco de magia? —dijo Vegetta, guiñándole un ojo.

—¡Claro! ¡Qué tontería!

De inmediato, la mascota tomó posición tras unos arbustos. Fijó su atención en el grupo de leñadores que tanto se habían reído al estampar el huevo. **Con su magia, levantó la masa viscosa de color naranja que estaba sobre el tocón y la lanzó al rostro de uno de ellos.** Al ver lo sucedido, los demás compañeros estallaron en carcajadas.

RÍAN, RÍAN

—murmuró Vakypandy—. Ya verán lo que es bueno.

Entonces, dio rienda suelta a su imaginación. Los naipes con los que estaban jugando unos leñadores empezaron a flotar misteriosamente y las hachas cobraron vida y se pusieron a perseguir a sus dueños. Uno de los hombres, más bien gordito, solo prestaba atención a su bocadillo. Vakypandy sonrió con malicia e hizo que la salchicha se le metiese por la nariz. Y a otros dos decidió propinarles unos buenos azotes con unas ramas sueltas que había por ahí.

En pocos minutos, la mascota había sembrado el caos en el claro del bosque. Los leñadores gritaban desesperados.

—¡SOCORRO! ¡AY! —gritaba uno—.
¡ME ATACA LA CAZUELA!

—¡Un fantasma me ha robado el peluquín! ¡Mira cómo vuela!

El pájaro fatu-liva nunca había disfrutado tanto. Y Willy también. Aquel espectáculo le hizo olvidar por unos instantes la triste pérdida de Trotuman.

Vakypandy decidió que había llegado la hora del gran final. Oculto tras el arbusto, iluminó sus ojos. Los destellos brotaron entre las ramas. Entonces, gritó con voz clara:

—¡SOY EL ESPÍRITU DEL BOSQUE!

Uno de los leñadores lo oyó y salió disparado.

—¡Espera! —le gritó un compañero—. Aún nos queda madera por recoger.

—¡Olvida la madera! —le respondió el otro—. ¿No has oído a esa cosa? ¡Yo me largo!

—¡Y no vuelvan por aquí! ¿Entendieron? —gritó el arbusto parlante.

Los leñadores salieron corriendo lo más rápido que pudieron. El campamento quedó totalmente vacío en cuestión de segundos. Algunas mochilas quedaron tiradas por el suelo y abandonaron el camión con toda la madera.

* * * * *

Junto a un fuego había una sartén con restos de la comida.

—¿A qué huele? —se escuchó. La pregunta venía de dentro del arbusto.

Vakypandy se fijó en la sartén, en la que quedaba algo de plátano frito.

—¡GENIAL! ¡LA MERIENDA! —exclamó, y salió al claro.

Engulló el plátano frito, ya frío, mientras el resto aplaudía su actuación. El fatu-liva salió de entre los arbustos cojeando y se acercó a Vakypandy.

—¡Lo lograron! ¡Les han dado un buen susto! —dijo el pájaro.

—Sí, eso parece —respondió Vakypandy, con la boca llena—. No creo que vuelvan por aquí en un tiempo. ¿Viste al que se fue corriendo en calzoncillos mientras lo perseguían sus pantalones?

Vakypandy y el fatu-liva se rieron.

Con la ayuda de Willy y Vegetta, el pájaro subió a los troncos que estaban apilados en el camión y comenzó a cantar.

Ante su llamada, su familia entera acudió al campamento. Los pájaros piaron en señal de agradecimiento. La mamá fatu-liva se acercó al grupo y comenzó a revolotear entre ellos, intentando llamar su atención.

Piaba y piaba, pero Willy y Vegetta, que no conocían su idioma, no entendían nada.

—Está diciendo que la sigan —aclaró Vakypandy.

Willy y Vegetta hicieron caso y caminaron junto a la mamá fatu-liva hasta unos arbustos cercanos. **El pájaro metió la cabeza en ellos y extrajo algo con el pico.** Era un objeto brillante que parecía hecho de plumas. A medida que lo sacaba al claro del bosque, la luz de la luna iba resaltando más su brillo.

La mamá fatu-liva, consciente ya de que Vegetta y Willy no entendían una palabra de lo que les decía, **se dirigió a Vakypandy y pío.**

—Les quiere ofrecer una recompensa por haber ayudado a su familia —explicó Vakypandy—.

Es una **TÚNICA DE PLUMAS DE ORO,** muy resistente. Puede ser de mucha utilidad en un combate cuerpo a cuerpo, aunque no sé si podría parar al virus. También es muy elegante y atractiva, si me preguntan a mí.

Willy tomó la túnica que les había acercado el pájaro y se la puso. A pesar de las apariencias, era liviana y cómoda. La mamá fatu-liva volvió con su familia, levantó a su hijo herido con sus patas y, todos juntos, se fueron volando en busca de un lugar en el que hacer su nuevo nido.

Vegetta consultó su reloj de pulsera.

—Gracias al ingenio de Vakypandy, solo hemos perdido una hora. Ahora, ¡sigamos nuestro camino hacia el laboratorio de Ray!

* * * * *

LOS DESCUBRIMIENTOS DE RAY

—¿Willy?

Vegetta sacó de su ensoñación a Willy, todavía algo decaído por lo que le había pasado a Trotuman. Habían llegado al laboratorio en el que estaba esperándolos Ray. Vegetta puso la mano en el hombro de Willy.

—Anímate —lo tranquilizó—. Seguro que conseguimos que Trotuman vuelva.

Willy asintió. Se adentraron en el laboratorio.

Ray los recibió allí. Era un espacio cuadrado, amplio y decorado con multitud de plantas holográficas.

La última tecnología de proyección de imágenes tridimensionales hacía que las macetas que estaban repartidas por todo el laboratorio tuvieran un aspecto muy natural, pero sin la preocupación de tener que regarlas. En uno de los lados, había varias pantallas conectadas a cámaras repartidas por los alrededores de Pueblo, con las que Ray controlaba lo que ocurría para poder prever ataques.

En el otro extremo, se agolpaban tres mesas con todos los aparatos que el científico utilizaba en su estudio de las múltiples dimensiones que componen el universo.

Una mesa entera de varios metros de ancho estaba ocupada por los muchos papeles y cuadernos en los que iba tomando notas mientras hacía los experimentos. A su lado, se alzaba una torre formada por varios libros gruesos con títulos incomprensibles. Era tan alta que se tambaleaba, como si estuviera siempre a punto de derrumbarse, y resultaba difícil alcanzar los ejemplares que había en lo más alto.

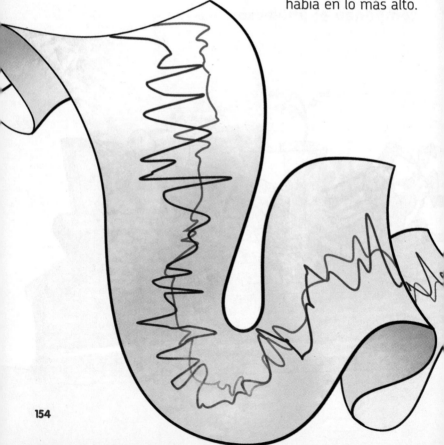

En otra mesa podían verse todo tipo de máquinas fascinantes: una estaba conectada a una antena colocada en una de las ventanas mientras una aguja trazaba ondas con variaciones imprevisibles

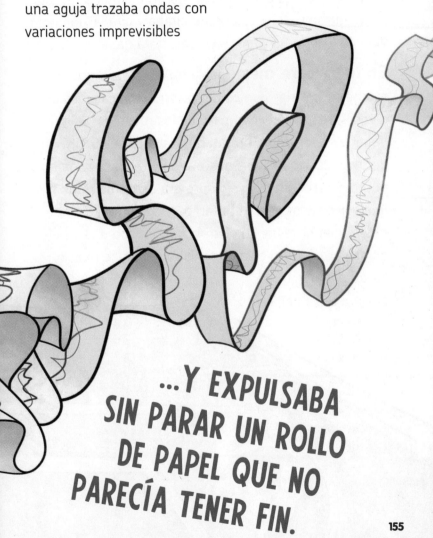

...Y EXPULSABA SIN PARAR UN ROLLO DE PAPEL QUE NO PARECÍA TENER FIN.

Otra era parecida al teclado de una computadora, pero con solo diez botones y diez focos, uno por cada botón, que se iluminaban de vez en cuando sin motivo aparente; otra estaba conectada a un monitor anticuado en el que se veía un radar que giraba y giraba, aunque Willy y Vegetta no vieron que detectara nada.

En la tercera mesa había un laberinto para ratones. En varios puntos del recorrido había arcos que, a veces, reaccionaban al paso de los roedores. Willy y Vegetta vieron cómo un ratón pasaba por el arco y, en décimas de segundo, se desvanecía y reaparecía en otro punto del laberinto. No siempre era el mismo ratón el que volvía: unas veces era tan parecido que era difícil determinar si se había teletransportado, pero otras el animal era de otro color, o tenía una pata de más, o llevaba un parche en el ojo o sabía hablar finlandés.

Era fascinante ver a los roedores aparecer y desaparecer en el laberinto, al tiempo que se enviaba la información a través de un complejo sistema de cables hasta un receptor que había al lado.

En ocasiones daba la sensación de que todas esas máquinas estaban conectadas y que trabajaban juntas para un fin común; otras veces, parecían hacer cosas totalmente distintas o incluso opuestas. Ante semejante despliegue de medios, a Willy y Vegetta no les quedaba más remedio que confiar en que Ray supiera lo que estaba haciendo.

—¡BIENVENIDOS A MI HUMILDE LABORATORIO!

—saludó el científico—. Perdonen el desorden. Comprenderán que estos días he estado demasiado ocupado como para tener todo esto impoluto.

¿TIENEN EL LIBRO?

—Sí, aquí está —Willy sacó el *Libro de códigos* de su mochila y se lo entregó a Ray, sin demasiados ánimos.

—**¿HA PASADO ALGO?** —se preocupó Ray.

El grupo se quedó en silencio. Vegetta y Vakypandy miraron consternados a su amigo Willy. Aunque todos estaban sufriendo la pérdida de Trotuman, él era el que más la resentía.

—**TROTUMAN...** —empezó a decir Vegetta.

Ray, por descuido, no se había fijado en que faltaba alguien. Se llevó la mano a la boca y se acercó a Willy.

—¿Ha sido el virus? —preguntó.

—Sí —reconoció Willy—. Se sacrificó para que pudiéramos llevarnos el *Libro de códigos*. El virus y ese mercenario nos tendieron una emboscada.

—**CUÉNTENME TODO** lo que ha pasado, por favor —pidió Ray.

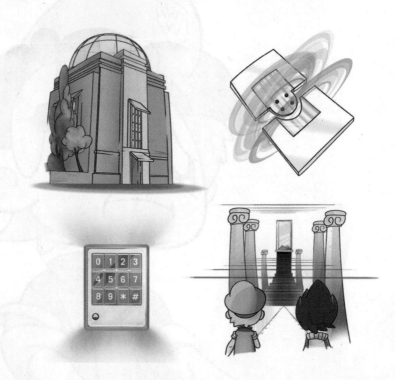

...cómo, tras descifrar el enigma que les permitió recoger el libro de la Gran Biblioteca, aquel mercenario llamado Thomas estaba esperándolos para arrebatárselo. Le describieron cómo Trotuman hizo todo lo posible por distraerlo y ganar tiempo para que el resto pudiera huir, aunque subestimó el tremendo poder del báculo dorado que usaba el mercenario y sucumbió. También le contaron que Lecturicia había sufrido un ataque, y habían tenido que dejarla allí. El científico se sintió

aliviado al saber que estaría a salvo en aquella cámara blindada. Al final, tal y como le explicaron, todo había sido una trampa para que ellos sortearan sin dificultad las medidas de seguridad de la Gran Biblioteca y consiguieran el *Libro de códigos*, el auténtico objetivo del mercenario. Ray escuchó con atención, sin interrumpir en ningún momento la narración de Willy y Vegetta.

Cuando terminaron, les dijo:

—**Una buena noticia** es que mientras conseguían el *Libro de códigos* he avanzado un poco en mis investigaciones. Lo suficiente como para confirmar mi teoría de que ese tipo del que me hablan, ese tal...

—Thomas —dijo Willy.

—Si es que ese es su verdadero nombre —apuntó Ray—,

NO ESTÁ SOLO.

* **En otras dimensiones que he visto hay más individuos sospechosos controlando distintos virus.**

* **Todos usan un báculo similar, que encaja con el que han descrito, pero ninguno viste igual o se comporta de la misma manera.**

* **No parece un ejército organizado, sino más bien un grupo de mercenarios que trabajan para alguien.**

Saber quién está detrás de estos virus no hace más fácil el trabajo de diseño del antivirus, pero al menos hemos localizado la raíz del problema.

* * * * *

—Pero no podemos hacer nada contra él —dijo Vegetta—. El báculo con el que nos atacó es mucho más fuerte que nuestras armas. En cuanto al virus, por lo que hemos visto hasta ahora, tiene un poder ilimitado.

—Te equivocas, amigo mío —corrigió Ray mientras caminaba de un lado a otro, echando vistazos a sus libros, agarrando y soltando papeles—. Nada es ilimitado y esto me lleva a **la segunda buena noticia.** Si se dan cuenta, el orden en que el virus atacó Pueblo nos da pistas de cómo funciona. Primero empezó por cosas de menor tamaño, antes de ir por el barco o la escuela. Desconocemos qué otras cosas absorbió antes, pero es posible deducir que su poder aumenta a medida que va comiéndose objetos de nuestra dimensión.

SE HACE FUERTE GRACIAS A LO QUE ABSORBE.

—¡Por eso se pudo convertir en un tornado gigantesco! —dijo Vegetta.

—Tengo la corazonada de que puede mutar. Si se fijaron, su cuerpo está formado por vóxeles —explicó el científico—. Eso le permitiría alterar su forma y tamaño sin problema alguno.

—Trotuman... —dijo Willy, con un nudo en la garganta—. Cuando atacó a Trotuman, vimos cómo se deshacía en pequeños cubos.

—¡Eso era su materia fragmentándose! ¡La materia ni se crea ni se destruye! Sus primeros ataques —continuó Ray, mientras consultaba cuadernos y anotaba cosas en los papeles que tenía en la mesa— eran para llamar nuestra atención, pero también para hacerse más poderoso. Por eso, quizá, cuando se enfrentaron con ese mercenario en la Gran Biblioteca el báculo era tan poderoso.

—COMO UNA BOLA DE NIEVE —dijo Vakypandy.

—Sí, es un buen ejemplo —afirmó Ray—. Va creciendo a base de absorber nuestro mundo. Sigo sin tener claro qué quiere exactamente. Una posibilidad podría ser que existiese un *Libro de códigos* en cada dimensión y quien haya encargado a estos mercenarios la misión de robarlo podría haber impuesto una norma: solo cobra el trabajo el primero que le entregue el libro. De ahí que no haya tenido demasiado cuidado a la hora de esconderse y haya querido dejarnos claro desde el principio que estaba actuando en nuestra dimensión. Otra posibilidad es que exista solo un *Libro de códigos:* el nuestro. Sus contenidos pueden ayudarnos a solucionar nuestro problema, pero quizá también sirvan para los propósitos más oscuros de quien haya mandado a Pueblo a ese tal Thomas. Podría ser que el resto de mercenarios estuviesen buscando en vano, después de todo.

—Si no he entendido mal —interrumpió Willy—, eso quiere decir que lo que el virus ha hecho desaparecer no ha sido... eliminado, ¿no?

—No tengo motivos para pensar tal cosa —dijo Ray—. Tiene que estar en algún sitio. Por eso, el **ANTIVIRUS** que voy a diseñar no destruirá al virus, sino que lo contendrá. **Una vez que tengamos la situación bajo control, podremos empezar a pensar en cómo devolver todo a la normalidad.**

Una luminosa sonrisa se dibujó en la cara de Willy. De pronto, la esperanza había vuelto a su corazón. Saber que no había perdido a su mejor amigo le daba fuerzas para luchar con más ahínco que nunca para derrotar a ese mercenario y detener al virus.

—Entonces, ¿qué hacemos ahora? ¿Cuánto tardarás en crear el antivirus? —preguntó Vegetta, impaciente.

—No va a ser sencillo. Haré todo lo posible para tenerlo listo cuanto antes y espero que mis indagaciones me ayuden a acelerar el proceso —dijo Ray—. De momento, todo lo que pueden hacer es esperar. Pueden pasar la noche aquí, tengo camas de sobra.

Willy y Vegetta miraron a su alrededor y no vieron ni un sitio en el que descansar. Todo eran plantas holográficas, mesas y aparatos que emitían luces incomprensibles. Ray se acercó al teclado de los diez botones y las diez luces intermitentes. A medida que oprimía los botones, las plantas holográficas desaparecían y en los rincones que antes ocupaba la vegetación virtual iban emergiendo, de escotillas en el suelo, varias camas, sofás y mesitas. Cuando terminó, los hologramas habían dejado paso a un *loft* muy apetecible en el que podían dormir varias personas.

—¡**VOILÀ!** —exclamó Ray—. Ahí tienen su habitación. Espero que no sean de sueño ligero, porque me espera una noche de trabajo intenso. ¡Buenas noches!

EL PLAN

En medio de la noche, un estruendo despertó a Willy y Vegetta. Llevaban unas horas dormidos mientras Ray creaba a toda velocidad el antivirus. Desorientados por el súbito despertar, vieron cómo Ray corría de los monitores a una de las ventanas de su laboratorio y les hacía un gesto con la mano para que se acercaran. Por su cara, lo que estaba viendo no era de su agrado.

—MIREN ESO —les dijo cuando llegaron a su lado, señalando con el dedo—. Allí.

A lo lejos, por encima de las copas de los árboles del frondoso bosque en el que se encontraban, solo se atisbaban otras torres de vigilancia, muy a lo lejos, y los edificios más altos de Pueblo: la Gran Biblioteca, la torre de la plaza y los tejados de algunas casas. Lo que vieron les horrorizó. **El virus se había transformado en una criatura monstruosa y de muchos metros de altura.**

Estaba atacando Pueblo con mucha violencia. Su forma era ahora más parecida a la de un dinosaurio gigante y con sus fauces era capaz de descomponer en vóxeles varias fachadas enteras al mismo tiempo.

—O hacemos algo ya, o estamos perdidos —dijo Vegetta—. ¿Cómo va el antivirus?

—Necesito un poco más de tiempo... —pidió Ray, preocupado—. Estoy trabajando todo lo rápido que puedo.

—Vegetta, tenemos que conseguir algo de tiempo —dijo Willy. Desde que sabía que había una manera de rescatar a Trotuman había recuperado su optimismo natural—. Vakypandy, ¿crees que podrías hacer algo para parar a ese monstruo, aunque sea temporalmente?

—Haré todo lo que esté en mi mano —dijo Vakypandy.

—Vamos al pueblo, Willy —dijo Vegetta—.

LUCHAREMOS CONTRA ESE MONSTRUO

y conseguiremos algo de tiempo para que Ray cree el antivirus. Te prometo que no pararemos hasta que Trotuman esté de vuelta.

Willy sonrió. Sabía que las palabras de su amigo eran sinceras y que los ánimos que le estaba transmitiendo venían desde lo más profundo de su corazón. Sin tiempo que perder, tomaron sus mochilas y se dirigieron a la salida.

—Ray, confiamos en ti —dijo Willy—. Cuando tengas el antivirus, ven a Pueblo. Te esperaremos allí. Date toda la prisa que puedas, por favor.

—No tardaré mucho, se los prometo. ¿Cómo los encontraré? —preguntó el científico.

—Sigue el rastro del dinosaurio gigante que está destruyendo todo lo que conocemos y amamos —apuntó Vegetta sarcásticamente mientras salían del laboratorio.

Vegetta, Willy y Vakypandy reemprendieron el camino de vuelta a Pueblo antes de que fuera demasiado tarde. Nada podía fallar. Ray tenía que crear el antivirus en un tiempo récord, trabajando contra reloj con la presión añadida de que el virus andaba ya muy fortalecido después de todo lo que se había comido, y seguía destruyendo Pueblo.

Por lo que ellos sabían, quizá se trataba solo de otra llamada de atención.

Tal vez intentaba atraer a Willy y Vegetta hasta él, confiando en que así podría arrebatarles el *Libro de códigos*. La cuestión era que no lo tenían, y tampoco la intención de entregárselo. Pensaban luchar por Pueblo, claro, pero sobre todo para recuperar a su amigo Trotuman.

Mientras avanzaban hacia Pueblo, **trataron de determinar una estrategia** que les diera algo de ventaja sobre Thomas. Algo que les permitiera tener alguna oportunidad frente a su báculo.

QUIÉN SABE SI LA TÚNICA DE PLUMAS QUE LES HABÍAN REGALADO LOS FATU-LIVA PODÍA SERVIRLES DE ALGO EN SU LUCHA CONTRA THOMAS Y SU VIRUS.

—**Quizá deberíamos aproximarnos de una manera sigilosa** —propuso Willy—. Nos acercamos a Pueblo sin llamar mucho la atención. Podríamos entrar por el sur, ya que parece que el virus está en la zona norte. Otra opción sería bordearlo a nado y entrar por el puerto. Luego, una vez estemos dentro, evitamos las calles principales para llegar hasta Thomas sin que nos detecte, lo sorprendemos distraído y lo atacamos por la espalda. Es posible que aun siendo dos no podamos con él, por su altura y por ese dichoso báculo, pero creo que podremos aguantar lo suficiente como para ganar algo de tiempo. Ojalá el suficiente como para que Ray pueda terminar el antivirus y tengamos algo que hacer.

—Estaría de acuerdo contigo en cualquier otra ocasión, Willy, y lo sabes —dijo Vegetta—, pero no sé si estamos en la mejor posición para hacer las cosas bien.

—¿Por qué no? —dijo Willy, convencido de que su estrategia era apropiada.

—Desviarnos para entrar por la puerta sur nos llevará un rato, y no hablemos ya de intentar entrar desde el mar. Está claro que tenemos que esperar a que Ray termine de fabricar el antivirus, pero también tenemos prisa porque ese bicho está destrozando Pueblo ante nuestras propias narices —explicó Vegetta—. Si no nos apuramos y nos enfrentamos a él, aunque solo sea para llamar su atención y evitar que siga destruyendo Pueblo, pronto tendremos que construir todo de cero. Ese mercenario está jugando con nosotros y no creo que debamos jugar a las escondidillas con él. **Mejor entremos por el norte, enfrentémonos primero a él** y luchemos hasta que podamos, con todas nuestras fuerzas y rezando para que Ray termine el antivirus a tiempo.

—No lo había visto de esa manera. Puede que tengas razón —reconoció Willy—, pero sigo temiendo que sea demasiado poderoso para nosotros.

—Un momento... **¿y si usamos el sigilo y la fuerza bruta a la vez?** —sugirió Vakypandy.

Willy y Vegetta no entendían a qué se refería la mascota. Decidió pararse para explicarles mejor su plan.

—Creo que los dos tienen parte de razón en todo esto —dijo—. Si entramos con sigilo, es probable que ataquemos primero, con lo que tendremos más posibilidades contra un enemigo que nos supera en fuerza. Por otro lado, si no nos damos prisa, puede que los daños sean irreparables, por lo que quizá nos convenga atacar primero y pensar después. Pero, ¿y si nos separamos? ¿Y si uno ataca con toda su fuerza mientras el otro se infiltra? El primero puede servir de cebo, por así decirlo, para distraer la atención de

Thomas y facilitarle el trabajo al segundo, que entrará al combate algo más tarde. Eso sí, tendrá dos ventajas: el enemigo estará distraído y, si todo va bien, ya habrá gastado parte de sus fuerzas.

—PUEDE QUE LO QUE DICES FUNCIONE —reconoció

Willy—. Pero somos tres, ¿cómo nos repartimos?

—Tú puedes ir solo, por la entrada sur. Si quieres, puedes evitar el agua. Vegetta y yo entraremos por el norte y entre los dos mantendremos ocupado a Thomas hasta que tú llegues.

—Willy, creo que lo que propone Vakypandy tiene sentido —asintió Vegetta.

—No quiero dejarlos solos —dijo Willy.

—No nos vas a dejar solos —respondió Vegetta—. Además, estoy en buenas manos.

Willy y Vegetta decidieron separarse y abrir dos frentes contra Thomas. Willy se desvió para rodear Pueblo y entrar por el sur, mientras que Vegetta y Vakypandy entrarían por el norte.

Los rugidos del monstruoso virus que estaba atacando Pueblo se escuchaban desde el bosque.

PUEBLO BAJO EL TERROR DEL MONSTRUO

El caos reinaba en Pueblo. El parque frente a la desaparecida escuela había quedado reducido a poco más que un cráter, como si una bomba hubiera estallado allí. De los edificios de los alrededores apenas quedaban unos vóxeles desperdigados. Habían sufrido la peor parte de la ira del virus. Cuando Vegetta y Vakypandy llegaron, el virus estaba absorbiendo parte de fachada de la Gran Biblioteca. Ni siquiera las medidas de seguridad que implantó Lecturicia eran capaces de resistir sus embates. Desde la distancia, Thomas controlaba al monstruo con su báculo dorado. El mercenario vio llegar a Vegetta y su mascota y los recibió con una sonrisa sádica. Disfrutaba con la destrucción que estaba provocando.

—¡Por fin! —dijo—. Empezaba a pensar que no les importaba su querido pueblito. ¿No ha habido suerte encontrando una casita en la playa?

Vegetta no dijo nada.

—¿Y tu amigo? ¿Se ha quedado en casa? ¿Echas de menos a tu amiguito?

—Hablas mucho. Más de lo que me gustaría —dijo Vegetta, que se puso en posición ofensiva, a punto de lanzarse al ataque.

—Hablando se entiende la gente, ¿no? —se burló Thomas.

Vegetta echó a correr hacia el mercenario, que también se preparó para luchar. A medio camino, el joven frenó en seco.

En una fracción de segundo, sacó su arco y disparó una flecha a Thomas...

...que apenas la esquivó.

Sonrió y,
con un movimiento de su báculo,
ordenó al virus atacar. El poder del virus parecía haber
alcanzado su punto más alto. Mutaba a gran velocidad,
extendiendo o encogiendo sus extremidades a placer
con cada embestida. Su brazo aumentó de tamaño y
lanzó un puñetazo hacia el suelo, que quedó totalmente
destrozado en cubitos.

Vegetta no podría haber hecho nada de no haber sido por la magia de Vakypandy, que le hizo levitar para alejarle del peligro. Vakypandy tuvo que esforzarse al máximo, empleando sus poderes en un par de ocasiones más para salvar a su amigo de sucumbir ante el virus. Sus ojos estaban iluminados y sus piernas comenzaron a flaquear por el esfuerzo.

—¡Vegetta, corre! ¡Sal de ahí! —gritó Vakypandy—. ¡No creo que pueda rescatarte una vez más!

Vegetta consiguió acercarse hasta donde estaba su mascota.

—¿Estás bien? —preguntó Vegetta.

—No ha sido nada. Solo estoy un poco cansado —dijo Vakypandy—.

SIGAMOS ATACANDO. NO LE DEMOS TREGUA.

Vegetta disparó otra flecha a Thomas, pero el mercenario consiguió esquivarla de nuevo. Era un luchador bien entrenado. Haciendo un esfuerzo titánico, los ojos de Vakypandy comenzaron a iluminarse otra vez y, con su poder telequinético, empezó a hacer que algunos vóxeles de gran tamaño que había cerca se elevaran, y los lanzó contra Thomas. Este, abrumado por la cantidad de proyectiles que se dirigían hacia él, tuvo que arrojarse al suelo para esquivar los golpes. Al lanzarse, el báculo dorado cayó a un par de metros de él. Cuando su arma tocó el suelo, el monstruo se tambaleó, golpeando con el costado la fachada de la Gran Biblioteca.

Parecía desorientado.

Desgraciadamente, Thomas se levantó a toda prisa y…

RECUPERÓ SU BÁCULO.

—Buen intento —dijo cuando se repuso—. Me encanta este juego. Les gusta el lanzamiento de vóxeles, ¿no? Déjenme que les haga unos pocos.

Con un rápido movimiento de báculo, al virus le creció una enorme cola con la que lanzó un latigazo que desintegró una de las casas que había cerca de la Gran Biblioteca. El techo y buena parte de la fachada quedaron reducidos a cubitos. En el interior de la casa, Tabernardo y Dora permanecían acurrucados en una esquina, abrazados y muertos de miedo.

—¡SALGAN DE AHÍ, RÁPIDO!

¡Aléjense todo lo que puedan
del monstruo! —gritó
Vegetta a sus vecinos,
que se marcharon
gritando.

—**¡Servicio comunitario!** ¡Te mereces una palmadita en la espalda! —rio Thomas. Con un movimiento vertical del báculo, el monstruoso virus giró y lanzó otro golpe con su cola. Esta vez contra Vegetta y Vakypandy, que consiguieron esquivarlo en el último momento.

El golpe dejó montañas y montañas de vóxeles acumulados. Si el monstruo engullía todo eso...

¡DUPLICARÍA SU TAMAÑO!

Sin perder ni un segundo, Vakypandy volvió a agarrar un montón de cubitos usando su telequinesia. Cuando se disponía a lanzarlos, el virus los apartó de un golpe obedeciendo a un certero movimiento de báculo. Thomas avanzó, seguido del virus, arrinconando cada vez más a Vakypandy y Vegetta.

—Willy, dónde estás... —masculló Vegetta, cuando su espalda chocó contra la muralla que cercaba Pueblo.

HABÍAN QUEDADO A MERCED DEL MERCENARIO.

Willy entró en el pueblo por el arco principal. Este daba al sur, donde arrancaba el camino que llevaba a la plaza en la que habían descubierto la desaparición de la estatua. Allí había comenzado todo. Willy maldijo y aceleró su carrera.

Cuando llegó a la Gran Biblioteca, se encontró con la fachada muy deteriorada. Apenas quedaban unos cuantos cubitos en pie. Cerca vio al virus y a Thomas, que no se habían percatado de su presencia y tenían arrinconados a Vegetta y Vakypandy. Willy acarició la túnica de plumas, deseando que le diese suerte, y sacó su espada con cuidado de no hacer mucho ruido. Se acercó lentamente hasta Thomas, pisando con suavidad para no llamar su atención. Cuando estuvo suficientemente cerca, levantó su espada dispuesto a atacar. En ese momento, Thomas sintió una presencia tras él. Giró el cuello y, demostrando grandes reflejos, esquivó el golpe que Willy iba a propinarle con la empuñadura. Fue el momento que Vegetta y Vakypandy aprovecharon para escapar. Mientras, Willy miró fijamente a su enemigo.

NO TENÍA MIEDO A ENFRENTARSE A ÉL.

Willy embistió con decisión. Su espada golpeó contra el báculo, haciendo que saltaran chispas.

Thomas miraba de reojo al virus, pero no estaba cerca. No podía perder de vista a ese insolente joven si no quería resultar herido. Willy se animó al ver que el mercenario retrocedía. Solo se defendía de sus embestidas. ¡Arriba! ¡Al costado! ¡Otra vez arriba! Quería hacerle pagar lo que le había hecho a Trotuman. **Quería vengarse de...**

¡ZAS!

Willy no vio venir el golpe. La base del báculo dorado golpeó contra su estómago con tanta fuerza que se temió lo peor. Sin embargo, **la túnica de plumas repelió el ataque con eficacia.**
¡Sí que era resistente!

Thomas se quedó estupefacto al comprobar la dureza de aquella coraza de plumas. Willy aprovechó ese momento de desconcierto para unirse a sus amigos.

—¿Están bien? —preguntó.

—Ahora sí —dijo Vegetta—, pero casi no la libramos. Gracias.

—Si yo te contase... —contestó Willy—. Si no llega a ser por esta túnica, no lo cuento. ¡Les debo la vida a los fatu-liva! Lo peor de todo es que estamos como al principio. ¡Es invencible!

—Cruza los dedos para que Ray no tarde mucho en crear ese antivirus —suspiró Vegetta. Arrinconados y exhaustos, solo les quedaba resistir para ganar tiempo. Estaba claro que, por sí mismos, no iban a poder hacer frente al mercenario y su virus.

LOS ANTIVIRUS

Habían resistido todo lo que habían podido, pero Willy y Vegetta empezaban a sentirse en el lado equivocado de la balanza. Thomas estaba visiblemente menos cansado que ellos. Se dirigió hasta su posición con una sonrisa, sabiéndose en clara ventaja.

—¡Por fin! ¡Ya estamos todos! —comenzó a decir—. Pensaba que se habían perdido en los bosques. ¡Con el miedo que dan!

¡BUH!

Thomas los provocaba, quizá con la intención de llevarlos a actuar irreflexivamente, a dar un paso en falso que él pudiera aprovechar para lanzar el ataque final. Comenzaba a amanecer cuando escucharon una voz que los llamaba desde lejos.

—¡Chicos, aquí! ¡Vengan, rápido! —era Ray, escondido detrás de una valla.

Willy y Vegetta se desplazaron hasta el científico. Esquivaron por un pelo un golpe que el virus les lanzó después de transformar una de sus extremidades en un grueso brazo terminado en una enorme bola. Se escondieron detrás de un edificio y Ray se apresuró a darles las buenas noticias.

—Les prometí que no tardaría —dijo, sonriendo—. No tenemos tiempo que perder. Los antivirus están listos. Aquí tienen.

—¿Has dicho los antivirus? ¿En plural? —preguntó Vegetta.

Ray les dio **DOS BASTONES** de tamaño mediano, rematados en su parte superior con dos pequeños zafiros que nada tenían que ver con el del báculo dorado. De la parte inferior salía una correa regulable que les permitía sujetarlos.

—Sí, los antivirus —repitió Ray—. En el poco tiempo que he tenido, no me ha dado tiempo a crear uno que fuera lo suficientemente potente. Por eso he decidido crear dos copias del mismo, una para cada uno de ustedes. Dos cabezas piensan mejor que una, o eso dicen.

—**¿Y se supone que tenemos que usar esto?** —dijo Willy—. ¡Si ni siquiera sabemos qué es exactamente lo que nos estás dando!

—Pónganse la correa en la muñeca. De ese modo evitarán que se les caiga de las manos cuando luchen —recomendó Ray mientras miraba al otro lado de la esquina tras la que estaban ocultos—. No tiene mucho diseño, pero es útil. Deprisa, no tenemos tiempo. El mercenario se acerca.

AL OPRIMIR AQUÍ, ACTIVAN LOS BASTONES...

Ray oprimió los botones que tenían los bastones en la parte trasera.

—...y deberían estar listos para usarlos.

Al decir esto, unos animalitos encantadores salieron de los zafiros, recomponiéndose en el suelo a base de cubitos, tal y como sucedía con el virus. **Eran dos criaturas de color blanco, con manchas rosas en el lomo.** No llegaban al metro de altura y caminaban a cuatro patas. Tenían el hocico de un conejo, las orejas eran de gato esfinge y los ojos tenían la vida y la inteligencia de los de un perro. Permanecían quietos, como si estuviesen esperando órdenes. Al parecer, solo reaccionaban ante los ligeros movimientos de los bastones que sostenían Willy y Vegetta.

* * * * *

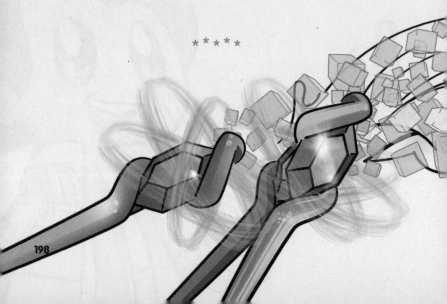

—Manejarlos es muy fácil. Basta con mover los bastones y podrán dar órdenes a los antivirus —explicó Ray—. Ellos seguirán sus indicaciones a través del zafiro. Se acostumbrarán en un segundo.

—¡Pero si son perritos... conejitos... gatit...! —Willy no sabía definir lo que estaba viendo—.

¡¡SON UNA MONADA!!

—Déjenme que les explique, ¡por favor! —Ray los
apremió con un alarido—. Estos dos antivirus están
creados con código extraído del *Libro de códigos*. Tienen
una peculiaridad:

**sus vóxeles son de un tipo opuesto a
los del virus y están diseñados de tal
modo que pueden absorber los suyos y
limpiarlos, para reutilizarlos.**

Al igual que el virus, cuanto más absorban, más
poderosos serán. Tienen que conseguir equilibrar
la pelea lo antes posible. Solo así tendremos una
oportunidad contra ese monstruo. Pero, ¡cuidado! —dijo
Ray, reclamando la atención de los amigos—. Deben
saber que el virus también puede atacar al antivirus.
Tendrán que evitar sus embestidas hasta que sean
suficientemente fuertes. Así evitarán problemas.

—Entendido, supongo —dijo Vegetta, encogiéndose
de brazos.

—¡Hagan todo lo que esté
en su mano!
—animó Ray—.
**NO BAJEN
LA GUARD...**

Mientras decía eso, el virus se acercó a ellos y lanzó un ataque a la casa que tenían al lado. Vakypandy reaccionó con rapidez y creó un campo de fuerza para evitar que los vóxeles los golpeasen. Ya había consumido demasiada energía y no podría aguantar más de uno o dos golpes como ese. Una violenta embestida del virus reventó la barrera protectora en mil cubitos. Vakypandy cayó en el suelo, rendida.

—**¡APÁRTENSE, RÁPIDO!** —gritó Ray mientras alzaba en brazos a Vakypandy y echaba a correr.

Willy y Vegetta fueron en otra dirección, tratando de llamar la atención del virus. Usando sus bastones, lanzaron a los antivirus sin demasiado éxito. Aunque eran mucho más rápidos que el virus, la falta de práctica les estaba dificultando manejarlos con precisión.

Cuando vieron que Ray y Vakypandy se habían puesto a salvo, volvieron a la calle principal donde aguardaban Thomas y su virus. Ahí tenían más espacio para maniobrar sus antivirus.

—**¡JUGUETES NUEVOS!** —gritó Thomas—. ¡Lo siento, pero prefiero el mío!

El mercenario hizo que
el virus lanzara un golpe
hacia los antivirus, pero Willy
y Vegetta consiguieron apartarlos
de su trayectoria.

—Tenemos que trabajar juntos, Willy —sugirió
Vegetta—. Ataquemos cada uno por un lado. Tenemos la
velocidad a nuestro favor, así que no debería costarnos
demasiado confundirlo un poco para que no sepa dónde
atacar.

—Acabemos con esto de una vez —respondió Willy.

Moviendo cada vez con mayor pericia sus bastones, Willy
y Vegetta comenzaron a poner en práctica su estrategia
de confundir a Thomas.

Uno atacaba por arriba, haciendo que su virus saliera disparado hacia el aire y luego impulsándolo con fuerza hacia el suelo, como si fuera un avión que cayese en picada.

Mientras, el otro se centraba en las piernas del monstruo, girando a su alrededor y lanzando rápidos ataques en las espinillas y los tobillos. Desde la distancia resultaba difícil distinguir a los antivirus actuando. De no ser por el contraste de color, claro frente a oscuro, uno diría que el monstruo había perdido la cabeza y estaba golpeando al vacío.

Con un certero golpe de bastón, Willy lanzó a su antivirus contra una de las patas del monstruo. El choque fue tan fuerte que la atravesó a la altura de la espinilla y provocó una explosión de vóxeles que el antivirus absorbió fácilmente. El virus tropezó pero, antes de que llegara a caer al suelo, sus patas mutaron hasta nivelar su tamaño. Ahora eran un poco más cortas,

PERO SU MOVILIDAD APENAS SE HABÍA VISTO REDUCIDA.

* * * * *

—**Willy, ¿has visto eso?** —dijo Vegetta—. La pata herida parece haberse recuperado tomando parte de los vóxeles de la que estaba intacta. Si seguimos atacando así, puede que consigamos que nuestros antivirus alcancen un tamaño decente para atacar en mejores condiciones.

—Sí, eso parece. Es una buena estrategia. ¡Vamos!
—respondió Willy.

Siguieron moviendo los antivirus alrededor del monstruoso enemigo. Eran como minúsculas avionetas volando en círculos alrededor de una montaña gigantesca. Demasiado obsesionados con el plan de atacar las piernas, Vegetta y Willy olvidaron por un momento que eran débiles contra el virus en su estado actual.

Atacaron varias veces la zona inferior del virus al mismo tiempo. Sin embargo, olvidaron procurarse un espacio de seguridad suficiente para maniobrar ante el monstruo. En una de esas ocasiones, el virus lanzó un golpe con la cola. Fue una barrida a pocos metros del suelo que casi se lleva a los dos antivirus a la vez. Willy y Vegetta, en un alarde de reflejos, consiguieron apartarlos de la trayectoria del ataque, aunque perdieron el control durante unos instantes.

El antivirus de Willy, afectado por la corriente de aire que había formado la cola del virus, dio unos violentos bandazos antes de recuperarse, y el de Vegetta **chocó contra una de las ramas más gruesas de un árbol cercano.**

Por fortuna, se sacudió y pudo volver a la acción.

A base de distraer y atacar, los antivirus conseguían hacerse más grandes y fuertes poco a poco. Eso redujo un poco su velocidad, pero de momento seguían sacándole cierta ventaja al virus manejado por Thomas. El mercenario, cada vez más nervioso, no estaba resistiendo bien el ataque a dos bandas. La situación comenzaba a sobrepasarle y cada vez notaba más cómo las fuerzas de virus y antivirus se iban equilibrando. Aún contaba con cierta ventaja y no soportaba la idea de tener que enfrentarse a Willy y Vegetta en igualdad de condiciones.

Los antivirus ya tenían un tamaño suficiente como para poder emplear armas improvisadas a partir de objetos de su entorno. Willy se emocionó cuando consiguió que, a base de realizar una serie de movimientos del báculo, su antivirus agarrara una gigantesca viga de acero y la usara como bate para golpear al virus. El acero no conseguía que los vóxeles se deshicieran, como sí hacían los ataques directos de los antivirus, pero sí lograba desestabilizar al monstruo y creaba buenas oportunidades para asestarle golpes importantes. El antivirus de Willy balanceó la viga hasta que, con un movimiento rápido y seco, se la lanzó al monstruo a la cara, mientras que el de Vegetta aprovechaba la distracción para atacar las patas. A aquellas alturas, habían menguado tanto que ya tenía dificultades para desplazarse y defenderse de los antivirus.

Thomas comenzaba a verse en peligro más claramente que nunca. Su virus tenía que mutar para recuperar la movilidad, pero al hacerlo su tamaño seguía disminuyendo, pues tenía que recolocar vóxeles de su cuerpo para regenerar las partes afectadas. Para poder defenderse tenía que perder una ventaja que en esos momentos le resultaba crucial. Entre la espada y la pared, el mercenario decidió recurrir a una medida desesperada...

...SUJETÓ EL BÁCULO DORADO CON LAS DOS MANOS Y CON UN GOLPE SECO LO CLAVÓ EN EL SUELO, ENTERRÁNDOLO HASTA LA PIEDRA.

Willy y Vegetta notaron un temblor en el suelo que les hizo perder el equilibrio. Miraron al mercenario. Alrededor de su báculo, la tierra comenzó a moverse, como si el suelo de Pueblo se hubiese transformado en un mar de arenas movedizas. Todo se estaba descomponiendo en vóxeles a su alrededor, formando ondas que se extendían en un radio cada vez más amplio, como dunas vivas de un desierto geométrico. El virus comenzó a deshacerse y a dirigirse al zafiro. El temblor se iba haciendo más violento a medida que el virus intentaba penetrar en la piedra del báculo. Iban creándose resquicios en el terreno, como si estuviera a punto de estallar.

—¡SI YO ME QUEDO SIN EL *LIBRO DE CÓDIGOS,* USTEDES PERDERÁN SU PUEBLITO! —gritó Thomas—. ¡Díganle adiós a este chiquero!

Del zafiro comenzó a salir una intensísima luz que se escapaba por las grietas de un suelo cada vez más irregular. El plan de Thomas era suicida. Al forzar a su virus a entrar en el zafiro enterrado, pretendía crear una onda expansiva que desintegrase todo lo que estuviera en su camino. Algunas cosas serían absorbidas por el virus; otras, quizá incluso Willy y Vegetta, se destruirían para siempre.

Sin pensárselo dos veces, Vegetta echó a correr hacia Thomas y se lanzó sobre él, tacleándolo lejos del báculo dorado.

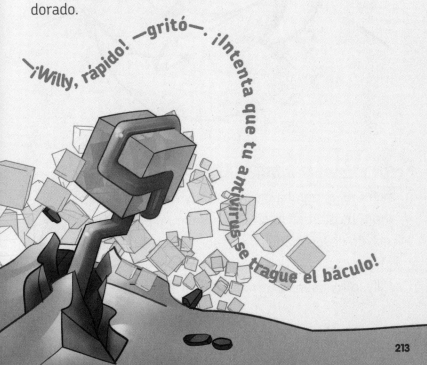

—¡Willy, rápido! —gritó—. ¡Intenta que tu antivirus se trague el báculo!

Un nuevo temblor sorprendió a Willy
mientras intentaba dirigir al antivirus hacia el báculo,
ahora desprotegido gracias a Vegetta. El bastón se le
resbaló de las manos pero, por suerte, la correa evitó
que se cayera al suelo. Con un movimiento de muñeca,
Willy lo recuperó y terminó de darle la orden al antivirus.

—¡No es muy bonito, pero es útil! —sonrió Ray, que estaba viendo todo desde lejos mientras Vakypandy se recuperaba.

Vegetta tenía sujeto a Thomas que, desesperado, comenzó a propinarle puñetazos en el costado para intentar zafarse. Sin su báculo, el mercenario estaba indefenso. Su única esperanza era que el zafiro estallara lo antes posible y se llevara por delante a su captor. Vegetta, resistiendo los golpes del mercenario, hizo un movimiento con su bastón y también dirigió su antivirus al báculo dorado. Las dos creaciones de Ray se situaron junto al zafiro, que estaba a punto de lograr la destrucción de Pueblo. Sobrepasados por la acumulación de energía en un solo punto, los antivirus se fusionaron y envolvieron el báculo, intentando extraerlo del suelo para frenar el poder del zafiro. Comenzaron a crecer rápidamente, a medida que interceptaban al virus que se introducía en la piedra. Ray observaba fascinado su comportamiento desde lejos, preocupado por si había fallado en algo y sus antivirus no conseguían detener la tragedia.

* * * * *

Mientras Willy corría hacia Vegetta para ayudarle a someter a Thomas, los antivirus alcanzaron su tamaño máximo. Por fin habían conseguido retener la totalidad del virus. La enorme masa de vóxeles convulsos que lo formaban estalló y originó una nube que cubrió todo el norte de Pueblo, moviéndose de manera impredecible sobre ellos.

—¡Alcen sus bastones! ¡El antivirus está intentando volver a ellos! —gritó Ray.

Con ayuda de Willy, Vegetta consiguió separarse de Thomas, y entre los dos lo sometieron. Willy le sujetó las piernas con el peso de su cuerpo, mientras Vegetta le retorcía un brazo para que no se moviera. Los amigos apuntaron a la nube de vóxeles con sus bastones y los antivirus se metieron de nuevo en ellos. El virus había sido detenido dejando un enorme cráter humeante donde Thomas había clavado el báculo dorado. Ray se acercó a los amigos, seguido por varios guardias de Pueblo, que detuvieron al mercenario.

—BUEN TRABAJO, CHICOS —dijo
Ray—. ¡Lo hicieron! ¡¡Salvaron Pueblo!!

GUERRA ETERNA

Había pasado una semana desde el terrible ataque del virus y los trabajos de reconstrucción seguían adelante. Entre todos los vecinos de Pueblo habían tapado el cráter con tierra y todos los cubitos que no habían podido reaprovechar para volver a levantar los edificios dañados durante el combate. El parque seguía destrozado, pero poco a poco iban reparando todo lo que les era posible. Herruardo había fabricado unos cuantos columpios en su taller y Tabernardo había pintado tableros de ajedrez en unas cuantas mesas de su cantina y las había donado al parque. Pantricia había tallado varios juegos de piezas en trozos de pan duro. Hizo más de la cuenta, por si los pájaros se comían algunas.

A pesar de las pérdidas, todos sabían que las cosas podían haber resultado mucho peor. Estaban muy agradecidos a Willy, Vegetta y Ray por todo lo que habían hecho por ellos.

Cuando los guardias se llevaron a Thomas después de que el antivirus consiguiera acabar con la amenaza, Ray inspeccionó el cráter.

Como sospechaba, allí se había quedado el báculo dorado, pero no el zafiro.

LOS ANTIVIRUS LO HABÍAN ABSORBIDO.

Desde entonces, el científico se había encerrado en su laboratorio para estudiar lo que Willy y Vegetta habían conseguido salvar en sus bastones. Con la esperanza de que lograra recuperar lo que el virus se había comido, incluido a Trotuman, los amigos ayudaron en la reconstrucción de Pueblo. Se dedicaron a ello en cuerpo y alma, hasta que Ray les pidió que fueran a su laboratorio y vieran lo que había descubierto.

Vegetta y Willy entraron en el laboratorio. La mirada de Willy expresaba una mezcla de miedo y esperanza.

—Hola, chicos —saludó Ray—. Ha sido duro, pero creo que les va a gustar lo que he encontrado.

VENGAN, MIREN ESTO.

Willy y Vegetta se acercaron a la mesa en la que estaba trabajando Ray. Sobre ella, sujetos con cuidado en unas cápsulas de vidrio, estaban los bastones. Los había conectado con multitud de cables a un aparato del que salía una especie de visor, similar a unos lentes. Vegetta dejó paso a su amigo Willy para que mirase primero.

Willy se colocó el visor en la cara. Lo que vio dentro le impresionó. Flotando en un espacio totalmente blanco, como si no existiera la gravedad, vio el barco que el virus se había llevado.

—¡El barco...! —dijo Willy, sorprendido.

—Sigue mirando, por favor —le indicó Ray.

Willy movió el visor con una palanca que había en el aparato al que estaba conectado. Allí dentro estaba todo lo que el virus se había comido: vio la escuela flotando en el vacío junto a la estatua del dragón, el puesto de Pantricia, un montón de árboles y animales, estanterías de la Gran Biblioteca...

Siguió mirando y vio a Peluardo, flotando inerte. De pronto, Willy se separó del visor y se llevó las manos a la boca.

—¿Qué pasa, Willy? ¿Estás bien? —preguntó Vegetta.

Sin decir nada, Willy animó a Vegetta a echar un vistazo. Cuando se puso el visor en los ojos, vio a Trotuman, flotando en el vacío. No parecía estar herido.

—PODEMOS RECUPERAR TODO LO QUE HAY AHÍ —dijo Ray—. Será un

proceso aparatoso, pero no debería haber problemas.

—Pero... ¿cómo? ¿Qué es eso? —preguntó Willy, nervioso por volver a tener a su lado a su mascota.

—Ese zafiro que había en el báculo dorado —explicó Ray— funciona como una memoria. Lo que el virus se comía no era automáticamente destruido. Simplemente se almacenaba en la memoria, descomponiéndose al salir para dar poder al virus y volviendo a su forma original cuando los vóxeles entraban en el zafiro. Cuando el antivirus actuó sobre él, toda la información que contenía se introdujo en sus bastones. Ahora solo tengo que emplear el *Libro de códigos* para encontrar la forma de extraer toda la información del zafiro y habremos recuperado buena parte de lo que perdimos.

CREO QUE HA SIDO UN GRAN ÉXITO —dijo Ray, sonriendo.

—Pero, ¿QUÉ ES LO QUE QUERÍA ESE MERCENARIO? —preguntó Vegetta—.

Si no quería destruir nada, ¿para qué quería el *Libro de códigos?*

—**PARA VENDERLO.** Sin duda, alguien le iba a pagar muy bien por ello —dijo Ray—. Necesito una última cosa: tienen que ir a hablar con Thomas. Trabajaba para alguien y, si no queremos que todo esto se repita, tenemos que averiguar quién está detrás. Hemos aguantado esta vez, pero puede que la próxima no tengamos tanta suerte.

—Los guardias lo llevaron a las mazmorras, ¿no? —preguntó Vegetta.

—Sí. Hablen con él mientras preparo todo para rescatar el contenido de los zafiros —dijo Ray—. Y, Willy, estate tranquilo, que pronto te reunirás con Trotuman.

Willy sonrió y asintió con la cabeza.

Las mazmorras se encontraban situadas al este de Pueblo. Aunque el virus había hecho de las suyas en toda la ciudad, las mazmorras estaban intactas. ¡Por algo se encontraban a más de veinte metros bajo el suelo! Las paredes de concreto hacían imposible cualquier intento de excavar para huir. Afortunadamente, no era un lugar que tuvieran que visitar a menudo porque olía fatal.

Willy, Vegetta y Vakypandy descendieron por unas escaleras para interrogar a Thomas. Cuando llegaron al último sótano, se encontraron un escritorio en el que permanecía sentado uno de los guardias.

—Hola —saludó Willy—. Venimos a interrogar al prisionero.

—Claro, cómo no —accedió el guardia—. Enhorabuena. Han hecho un gran trabajo. Si no fuera por ustedes...

—Para eso estamos —contestó Vegetta—. Pero aún no hemos terminado. Queremos saber para quién trabaja el mercenario.

—Adelante, les abro.

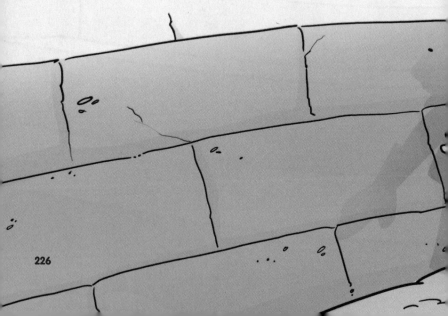

El guardia extrajo un manojo de llaves de su bolsillo y abrió la puerta que daba a la celda. Atado de pies y manos, Thomas miró con desprecio a los responsables de su captura. No dijo una palabra cuando los vio entrar.

—Ahora no tienes tantas ganas de bromear, ¿eh? —dijo Vegetta.

—Lleva varios días sin hablar —dijo el guardia—. Le traemos comida por la mañana, a mediodía y por la noche. Nunca la termina. No ha intentado escapar ni una vez, según me dicen mis compañeros.

Willy y Vegetta se acercaron al mercenario. El guardia se quedó en la puerta, apoyado en el marco. Junto a él esperaba Vakypandy, que tampoco avanzó.

—¿Qué tal se está aquí, amigo? —preguntó Vegetta—. Espero que sea cómodo, porque según parece no tienes intención de irte a ningún lado pronto.

—Thomas —Willy, curiosamente menos enfadado que su amigo, tomó la palabra—. Seguramente no querrás quedarte aquí. Nosotros tampoco tenemos ningún interés en retenerte. Pero queremos saber quién te envía y qué es lo que busca.

—¿Y QUÉ CONSIGO A CAMBIO?

—preguntó el mercenario, rompiendo al fin su silencio.

—Tu libertad —dijo Willy—. Podrás irte. Podrás volver a tu ciudad.

—Mi ciudad está demasiado lejos como para ir desde aquí —respondió Thomas—. No podré salir de esta cárcel, pero ustedes tampoco van a recibir información a cambio de nada. Un mercenario no trabaja gratis.

—Te podemos ayudar a llegar a tu casa —propuso Willy.

—¿Tienen acaso un portal interdimensional que me permita llegar a mi mundo? —dijo Thomas, compungido—. ¿Lo tienen? ¿Eh?

Willy y Vegetta no supieron qué responder.

—Podemos intentar construir uno... —comenzó a decir Vegetta, contagiado del espíritu conciliador de su amigo.

—¡No quiero que construyan un portal interdimensional! —exclamó Thomas.

—¿Entonces, qué quieres? —preguntó Willy, que empezaba a perder la paciencia—.

¿QUÉ ES LO QUE QUIERES DE NOSOTROS?

QUIERO... QUIERO VIVIR EN SU MUNDO

—reconoció Thomas, avergonzado.

—¡¿Cómo?! —preguntaron al mismo tiempo Willy y Vegetta. No se podían creer lo que habían escuchado.

—Aunque pudiera volver a mi dimensión, he incumplido mi cometido. Mi misión ha sido un fracaso y, si consigo volver, tendré que sufrir las consecuencias —explicó el mercenario, atormentado—. Mi única esperanza es quedarme aquí, pero después de todo lo que ha pasado no creo que pueda encajar. Me gustaría tener su palabra de que tendré un lugar en su mundo. De verdad, quiero ser parte de él.

—¿Es una broma? ¿Crees que vamos a confiar en ti después de todo lo que has hecho? —preguntó Vegetta.

—No tiene malas intenciones —dijo Vakypandy, de pronto. Comenzó a caminar hacia ellos—. Dice la verdad. **Solo quiere un sitio entre nosotros.**

Willy y Vegetta supieron que la mascota estaba notando algo. Sus predicciones nunca fallaban. Sin presión ambiental, podía leer los pensamientos del mercenario con gran facilidad.

—Háganle caso a la cabra —dijo Thomas—. Sin ofender.

—No ofendes. Soy una cabra —dijo Vakypandy.

Willy y Vegetta se pararon a pensar unos segundos. Se miraban y miraban al suelo, alternativamente. Querían darle el voto de confianza, pero no estaban tan seguros de que el resto de vecinos de Pueblo se sintieran seguros conviviendo con alguien que acababa de lanzar un ataque tan brutal contra ellos. ¡Había destruido buena parte de sus posesiones!

De pronto, Willy tuvo una idea. Se acercó a Vegetta y le habló al oído. Vegetta sonrió al escuchar a su amigo.

—**TRATO HECHO** —dijo Vegetta—. Te conseguiremos un lugar. Podrás vivir aquí. Tienes nuestra palabra. Ahora dinos quién te manda.

Thomas sonrió de manera sincera al recibir la noticia. Con los ojos vidriosos, el mercenario les contó su historia. Al parecer, venía de una dimensión en la que, desde tiempos inmemoriales, se venía librando una guerra entre dos facciones.

Uno de los bandos vivía en lo alto de las montañas; el otro, en lo más profundo del mar. Nadie recordaba ya por qué peleaban. La única certeza era que la guerra era su forma de vida. Incluso las canciones que los niños aprendían en el colegio hablaban sobre la guerra sin fin. De un tiempo a esta parte, sin embargo, parecía que uno de los bandos le llevaba la delantera al otro. Nadie sabía cómo lo habían logrado, pero los de las montañas habían conseguido avances tecnológicos enormes en muy poco tiempo. Las batallas, que hasta entonces se disputaban

en terreno neutral (los de las montañas no tenían forma de acceder al fondo del mar, ni viceversa), estaban empezando a pasar a las profundidades gracias a nuevas herramientas que no parecían de este mundo.

Thomas había nacido en uno de los pueblos de la zona neutral, que no pertenecían ni a un bando ni a otro. Muchos de sus habitantes trabajaban de mercenarios, a sueldo de los generales de las facciones enfrentadas. Él era parte del grupo que ayudaba a los de las montañas a conseguir la tecnología con la que estaban logrando superar a los del fondo del mar.

Finalmente, un general de la montaña consiguió crear, gracias a un grupo de científicos neutrales, un portal interdimensional. Ebrio de ambición tras su increíble logro, tuvo una idea: organizar un ejército de mercenarios que fueran a otras dimensiones para conseguir la tecnología con la que vencer a sus enemigos.

Sin embargo, las intenciones del **GENERAL** fueron oscureciéndose. A medida que conseguía nuevas tecnologías, su ambición crecía. Además del conocimiento de otras dimensiones, también comenzó a fantasear con crear un imperio en su mundo. Los mercenarios a los que enviaba comenzaron a robar, gracias a los báculos dorados, ciudades y pueblos enteros. Los lugares más prósperos de cada dimensión se convertían en el objetivo del general, que los absorbía y los transportaba a su proyecto de imperio. Empezó a arrasar los pueblos neutrales para obligar a sus habitantes a trabajar como mercenarios para él. Uno de los que sufrió las consecuencias de su megalomanía era el de Thomas, que sucumbió poco antes de que el general le enviara al mundo de Willy y Vegetta.

—No queda nadie por quien luchar en mi dimensión —confesó Thomas; **las lágrimas le recorrían la cara**—. Aquí nunca pierden la esperanza. Se protegen los unos a los otros. Nunca había conocido ese sentimiento en mi mundo.

Willy y Vegetta se quedaron sin palabras. Se miraron y luego miraron a Vakypandy.

—**Está siendo sincero** —dijo.

—Thomas —dijo Willy—, tienes un lugar entre nosotros.

—Pero Willy... —dijo Vegetta.

—No, Vegetta —interrumpió su amigo—. Tiene razón. Nosotros nunca perdemos la esperanza. Es lo que él ha dicho, ¿no?

NOS PROTEGEMOS LOS UNOS A LOS OTROS.

CUATRO SEMANAS DESPUÉS

Amanecía en Pueblo. Los rayos del sol se filtraban
a través de las cortinas y despertaron a Vakypandy, que
se desperezó no sin esfuerzo. Willy y Vegetta llevaban
un rato despiertos, preparándose para el gran día. Esa
mañana se inauguraba la estatua frente a la fuente
que, hacía ya más de un mes, había desaparecido
misteriosamente. Ray la había podido recuperar y
Herruardo la había tenido en su taller, trabajando en ella
para dejarla como nueva. También se habían recuperado
las bancas, los árboles y el barco. Pantricia contaba con
su puesto y ya había vuelto al trabajo. De hecho, algunas
de sus mejores creaciones las había elaborado en los
últimos días.

El sol que entraba por la ventana despertó también a Trotuman, que se incorporó con un bostezo. La mascota de Willy también había vuelto. Willy se acercó y le dio un abrazo.

—Buenos días —le dijo, con una sonrisa.

—BUENOS DÍAS, AMIGO —respondió Trotuman, también sonriente.

El grupo se preparó para empezar el día.
La mañana era radiante en Pueblo. Al salir a la calle, pudieron ver cómo todos los vecinos se congregaban en la plaza de la estatua. Iba a ser una gran fiesta para celebrar el regreso de la paz.

Cuando llegaron a la fuente, se sorprendieron al no ver la estatua.

—¡NO PUEDE SER! ¡LA ESTATUA! —dijo Willy.

—¡¿Es una broma?! ¿Otra vez? —dijo Vegetta.

—**¡Tranquilos, chicos!** —escucharon una voz detrás de ellos.

Cuando se dieron la vuelta, vieron a Herruardo acercándose a la fuente. Trasladaba la estatua, cubierta con una sábana blanca, en un remolque. El herrero había querido darle los últimos retoques antes de la inauguración y había trabajado en su taller toda la noche.

* * * * *

En su cara se apreciaban unas ojeras considerables y una sonrisa de oreja a oreja.

Herruardo dirigió las maniobras para la colocación de la estatua en su sitio. La ceremonia podía comenzar. Lecturicia, que gracias a la seguridad de la Gran Biblioteca había permanecido sana y salva, se puso al lado de la estatua y se preparó para hablar ante todos los vecinos, reunidos ya frente a ella.

—Hace más de un mes que Pueblo sufrió uno de los ataques más terribles que hemos vivido en nuestra historia...

Willy y Vegetta escuchaban el discurso algo distraídos, mirando a su alrededor. Echaban vistazos constantes a sus relojes de pulso.

—¿DÓNDE ESTÁ RAY? —preguntó Willy en voz baja.

—No tengo ni idea —dijo Vegetta, también susurrando—. Espero que no se haya quedado dormido.

* * * * *

—...a pesar de todo, si de algo podemos estar orgullosos en Pueblo es del tesón y la buena voluntad de sus vecinos. Hace más de un mes —prosiguió Lecturicia—, muchos perdimos algunas de las cosas más importantes que teníamos. Pantricia se quedó sin su taller, donde crea las esculturas que tanto admiramos y saboreamos todos en Pueblo. —Pantricia, entre el público, se sonrojó—. Nuestros marineros perdieron el barco con el que surcan los mares en busca de pescado y tesoros. —El capitán y su tripulación alzaron sus últimas capturas: una bota, dos latas vacías y una llanta ponchada—. Nuestros niños perdieron la escuela en la que tantos buenos ratos pasan y que es tan importante para su futuro.

—Los niños abuchearon a Lecturicia.

* * * * *

Willy y Vegetta seguían preocupados. Sabían que una parte del discurso estaba dedicada a ellos, pero también a Ray, que había sido el mayor responsable de la creación del antivirus gracias al que Pueblo se había salvado.

¿SE HABRÍA QUEDADO DORMIDO? ¿HABRÍA PASADO OTRA NOCHE ENTERA TRABAJANDO EN SUS INVENTOS?

—A pesar de todas esas pérdidas, todos nos hemos ayudado para que Pueblo volviera lo antes posible a la normalidad. Pueblo es un lugar próspero gracias a sus vecinos. Creo que hablo por todos cuando digo que estoy orgullosa de nuestro trabajo y nuestra solidaridad —dijo Lecturicia, con una enorme sonrisa—. Pero me gustaría dar las gracias a unos vecinos en particular. Estaremos todos de acuerdo en que se merecen ser destacados por su papel crucial...

Más nerviosos que nunca, Vegetta y Willy dieron un último vistazo entre los vecinos que se habían reunido allí para intentar localizar a Ray, por si se habían despistado y no le habían visto. Ni rastro del científico.

—Vamos a tener que excusarle —dijo Willy.

—¡A ver qué se nos ocurre! —dijo Vegetta.

—...como ya habrán imaginado —siguió diciendo Lecturicia—, me refiero a nuestros vecinos más ilustres: Willy, Vegetta, Trotuman y Vakypandy. Ellos cuatro, junto con nuestro vigilante y científico local, Ray, detuvieron el terrible virus que estaba asolando nuestras calles. ¡Un fuerte aplauso para ellos!

Willy, Vegetta y sus mascotas avanzaron entre la gente, que aplaudía y vitoreaba a sus héroes. Se acercaron a donde estaba Lecturicia. A su lado la estatua permanecía cubierta.

—¿Dónde está Ray? —murmuró Lecturicia. Willy y Vegetta se encogieron de hombros.

Con un movimiento de manos, Trotuman pidió silencio a los asistentes.

—¡MUCHAS GRACIAS, AMIGOS! —gritó—
¡Son un público genial!
¡ROCK AND ROLL!

—Trotuman, por favor —dijo Willy. Se aclaró la voz y comenzó a hablar—. Como bien ha dicho Trotuman, muchas gracias a todos por estar aquí hoy. Han sido unas semanas de trabajo muy duro, que han asumido siempre con buena cara. Una vez más, se demuestra que, si colaboramos y permanecemos unidos, no hay bache que no podamos superar.

—**Sin ustedes no habría Pueblo** —prosiguió Vegetta, tomando la palabra—. Ustedes son los que han hecho la parte más importante del trabajo. Por eso, somos nosotros los que tenemos que darles las gracias.

El público rompió en aplausos.

* * * * *

—Como sabrán —Lecturicia retomó el discurso—, tuvimos retenido en las mazmorras de Pueblo a uno de los responsables del ataque del virus. Hace unas semanas, Willy y Vegetta propusieron, tras hablar con él y sopesar la situación con detenimiento, que le liberásemos y le ofreciésemos un lugar entre nosotros. Fue una decisión difícil, pero, después de una votación que duró varios días, pudimos llegar a un acuerdo. La situación de Thomas, que así se llama, y la generosidad que demostraron Willy y Vegetta nos llevaron a aceptar la propuesta.

Como ya saben, ahora vive en una de las torres de vigilancia que hay en los alrededores. Desde allí nos ayuda a estar al tanto de lo que ocurre en los bosques y campos cercanos. —Lecturicia señaló a una de las torres que se veían a lo lejos, sobre los frondosos bosques que rodeaban Pueblo. Ray, por su parte, seguía sin aparecer—. Su trabajo hasta el momento ha sido extraordinario y confiamos en que se pueda considerar un miembro más de nuestra comunidad lo antes posible. Hemos respetado su decisión de no acudir hoy a esta celebración, pero sabemos que está tremendamente agradecido por la comprensión que todos han demostrado. Sin duda, nos está viendo a través de las cámaras.

Desde la torre de THOMAS, un foco lanzó unos destellos de luz que formaron un MENSAJE:

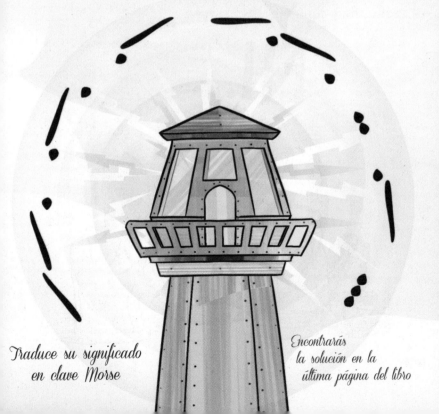

Traduce su significado en clave Morse

Encontrarás la solución en la última página del libro

—Sabemos que no ha sido una decisión fácil —explicó Willy—, pero estamos seguros de haber ganado un aliado importante que nos ayudará en todo lo que le sea posible. De nuevo, muchas gracias a todos.

—Y por último, antes de proceder a la inauguración de la estatua, debemos darle un agradecimiento muy especial al creador del antivirus con el que salvamos Pueblo...

—¡Que no ha podido venir por... motivos personales! —dijo Vegetta, interrumpiendo a Lecturicia—. Pero nos ha pedido que lo disculpemos y que les digamos que está... muy contento...

EH...

A Vegetta se le empezaban a agotar las excusas, cuando...

...UN DESTELLO DE LUZ SORPRENDIÓ A TODO EL MUNDO.

Venía de la fuente, justo detrás de la estatua. Tras el fogonazo, una especie de puerta se abrió sobre el agua y por ella salió Ray, enfundado en su bata blanca y con unos gruesos lentes protectores.

—¡Hola a todos! —dijo, saliendo como pudo de la fuente. El agua le llegaba casi hasta las rodillas y le hacía difícil caminar. Cuando estaba pasando por encima del borde de la fuente para reunirse con sus amigos tropezó y, para intentar mantener el equilibrio, se agarró a la sábana que cubría la estatua. A pesar de todo,

cayó de boca al tiempo que la destapaba.

Todo el mundo se quedó pasmado. Primero por el accidente y después por la estatua, pues presentaba una novedad: al lado del dragón, aparecía Trotuman, en posición victoriosa. Era un detalle para celebrar su regreso y conmemorar su valentía al sacrificarse por sus amigos y por Pueblo. El lustre que le había dado Herruardo la noche anterior para dejarla lista hacía que el bronce reluciera más que nunca. Casi se podía ver cómo iluminaba el rostro de Trotuman, que la miraba fijamente, con lágrimas en los ojos.

—Herruardo, esto... —empezó a decir.

—No me des las gracias solo a mí, amigo —dijo Herruardo—. Todos hemos ayudado. Pantricia se encargó de hacer el molde original, Peluardo ayudó con los detalles, los marineros aportaron materiales...

* * * * *

Trotuman estaba sinceramente emocionado por el cariño que todo Pueblo le profesaba. Willy no pudo evitar soltar una lagrimilla de alegría por su amigo y Vegetta y Vakypandy le abrazaron, emocionados también por la fuerza del momento.

* * * * *

EJEM

—dijo Ray entonces, sonrojado por lo aparatoso de la caída, aclarándose la voz—. Siento haber llegado tarde. Estaba terminando de preparar una cosilla y se me vino el tiempo encima. Quería que estuviera lista cuanto antes, para presentárselas ahora mismo.

Todos miraron al científico con severidad. No contento con interrumpir la celebración y sabotear sin querer la inauguración de la estatua, se empeñaba en romper la magia de aquella situación tan emotiva.

—Espero que valga la pena —dijo Willy.

—¡HE CREADO UN PORTAL INTERDIMENSIONAL!

¡TARÁAAN!

—dijo Ray, señalando con las manos abiertas aquella puerta que se había abierto en medio del agua y por la que había salido—. Puede tener algunos fallos, pero creo que de momento...

—Espera, espera... —dijo Vegetta—. **¡¿Un portal interdimensional?!**

—¡Exacto, amigo mío! ¡Eso he dicho! ¿Recuerdan el laberinto para ratones que tengo en mi laboratorio? Mi investigación tiene como objetivo conocer todo lo que me sea posible sobre las otras dimensiones que existen además de la nuestra. ¡Cuántas cosas podríamos conseguir si descubriésemos una forma de aprovechar el conocimiento de otras civilizaciones que viven en otros mundos! Las posibilidades serían infinitas. En fin, a lo que iba. Esos ratones que vieron estaban paseando por incontables dimensiones. El báculo dorado y el zafiro que tenía engarzado eran claramente de otra dimensión, tecnología diferente a la que aquí utilizamos. Ahora que están en nuestra posesión, y gracias a la colaboración de Thomas, que me ha ayudado en todo lo que ha podido, he conseguido mejorar la tecnología del laberinto para ratones y crear portales con suficiente potencia como para transportar a una persona.

¡Yo mismo he podido probarlos y es increíble! ¡HE ESTADO EN UNA DIMENSIÓN IDÉNTICA A ESTA, EXCEPTO PORQUE TODOS CAMINÁBAMOS EN CUATRO PATAS!

¡Y EN UNA EN LA QUE NO TENÍAMOS CABEZA Y NOS COMUNICÁBAMOS EXCLUSIVAMENTE MEDIANTE EMOTICONOS!

Ray, emocionado por lo que estaba contando a Willy y Vegetta, había perdido de vista que estaba delante de todo Pueblo. **Todos los vecinos escuchaban con la boca abierta.** El científico miró hacia ellos cuando terminó de hablar y se sonrojó.

—¿Y por qué querías enseñárnoslo ahora? —preguntó Willy—. ¿No podías esperar a mañana? ¡¿A esta tarde, al menos?!

—¡De ninguna forma! —dijo Ray, que volvió a emocionarse con su discurso rápidamente—. ¡No hay tiempo que perder!

DEBEN IR POR SU EQUIPO Y REUNIRSE CONMIGO EN MI LABORATORIO CUANTO ANTES.

Willy y Vegetta miraban a Ray con los ojos como platos, sin poder hacerse a la idea de a qué se estaba refiriendo.

—¿Pero qué dices, Ray? —protestó Vegetta—. ¿No puedes dejarnos disfrutar un poco de la celebración? Es un día especial.

—Siento ser un aguafiestas, pero no es posible —dijo Ray—. He estado en el mundo de Thomas y, tal y como les contó, la cosa no pinta muy bien. Ese general parece tener interés genuino en el *Libro de códigos*... A todo esto, espero que lo hayan puesto en un lugar seguro. Les recuerdo que son los nuevos guardianes...

—Sí, no te preocupes —informó Willy—. Fue lo primero que hicimos después de que todo se tranquilizase.

—Estupendo. Volviendo a lo mío... Por lo que he podido descubrir, a ese general no se le han quitado las ganas de volver a intentarlo, a pesar de no haber recibido noticias de Thomas. Y esta vez no se va a conformar con un mercenario. Está preparando un ejército.

Los vecinos de Pueblo se sobresaltaron ante la fatal noticia, que les llegaba justo en el momento más inoportuno. Willy y Vegetta resoplaron.

¡CON LAS GANAS QUE TENÍAN DE CELEBRAR LA VICTORIA SOBRE EL VIRUS!

—Me parece que la paz va a durar poco —apostó
Vegetta.

—Sí, sí, cinco minuuutos...

—dijo Trotuman con un hilo de voz, todavía mirando
embobado la estatua que le habían dedicado,
emocionado y a la espera de poder darlo todo por
Pueblo en una nueva aventura—.

¡Piedad!

¿SABÍAS QUE...?

El primer virus informático de la historia fue creado por Bob Thomas en 1971, y se llamó Creeper. Era un virus que se movía entre distintas computadoras imprimiendo en los teletipos: «Soy el Creeper; atrápame si puedes». Poco después de que Thomas anunciara su creación, Ray Tomlinson lanzó una nueva versión del Creeper que, además de ir de una computadora a otra imprimiendo su mensaje, podía reproducirse; para contrarrestarlo, el propio Tomlinson diseñó el primer antivirus: el Reaper (el cosechador), que buscaba y eliminaba al Creeper. Los nombres de Ray (el científico) y Thomas (el malvado) salen de ahí.

El mensaje en clave Morse decía:
GRACIAS